Topos plus **Taschenbücher**
Band 604

Rita Haub

Alfred Delp

Beten und Glauben

Topos plus Taschenbücher

Topos plus Verlagsgemeinschaft

Butzon & Bercker, Kevelaer | Don Bosco, München
Echter, Würzburg | Verlag Katholisches Bibelwerk, Stuttgart
Lahn-Verlag, Kevelaer | Matthias-Grünewald-Verlag, Ostfildern
Paulusverlag, Freiburg Schweiz | Friedrich Pustet, Regensburg
Tyrolia, Innsbruck Wien

verlags gruppe engagement

Bibliografische Information der Deutschen Nationalbibliothek

Die Deutsche Nationalbibliothek verzeichnet diese Publikation in der Deutschen Nationalbibliografie; detaillierte bibliografische Daten sind im Internet über http://dnb.d-nb.de abrufbar.

Einband- und Reihengestaltung:
Akut Werbung GmbH, Dortmund
Satz: Schröder Media, Dernbach
Herstellung: Pustet, Regensburg
Printed in Germany

Topos plus – ISBN: 978-3-7867-8604-7

www.toposplus.de

Inhalt

Wenn durch einen Menschen ein wenig mehr Liebe und Güte, ein wenig mehr Licht und Wahrheit in der Welt war, hat sein Leben einen Sinn gehabt.
(Alfred Delp – nach dem 11. Januar 1945)

Vorwort

Eine Woche vor seinem Tod hatte Alfred Delp in einem Kassiber geschrieben: *Ach wenn man der Weltgeschichte doch Beine machen könnte. Man sieht doch, wo sie hinläuft. Warum nicht 14 Tage früher?* Er hatte davon gehört, dass sich die sowjetischen Truppen der Reichshauptstadt Berlin näherten. Er verrechnete in seinen Überlegungen diese nahe Erwartung mit seinen Hoffnungen. Und er schrieb: *Wenn ich überleben darf, weiß ich, wozu ich ausschließlich da bin in Zukunft.* – Wozu wollte er ausschließlich da sein? Was waren seine Visionen beim Blick in die Zukunft? Delp hat sie nicht ausdrücklich formuliert und an die Nachgeborenen hinterlassen. Wir müssen seine Visionen über die Erneuerungen von Kirche und Welt also aus seinen Lieblingsthemen, aus seinen großen Stichworten, aus seinen tragenden Ideen herauslesen.

Allmächtiger, ewiger Gott, inmitten der Kirche berufst Du alle Zeit Männer und Frauen, dass sie Dir dienen und Dich vor der Welt bezeugen. Pater Alfred Delp hat in vorbildlicher Weise den Glauben gelebt und im Feuerofen der Verfolgung standgehalten. Durch seinen unermüdlichen Einsatz im Dienst der Seelsorge und durch sein mutiges Bekennen vor Richtern und Statthaltern ist er für uns ein leuchtendes Vorbild zu bleibender Erinnerung geworden. – Mit diesen Worten würdigte Joseph Kardinal Ratzinger, der heutige Papst Benedikt XVI., Alfred Delp 1981 bei der Einweihung des Denkmals »Drei Jünglinge im Feuerofen« in München-Bogenhausen.

Alfred Delp ist nicht heiliggesprochen worden, auch nicht selig. Aber er zählt zu den bekanntesten Blutzeugen des 20. Jahrhunderts. Sein Leben spannt sich vom 15. September 1907 bis zum 2. Februar 1945. Es vollzieht sich in fünf Stationen, von der Kindheit und Jugend über den Eintritt in den Jesuitenorden, seiner Tätigkeit als Seelsorger und Redakteur bei den »Stimmen der Zeit«, seinem Einsatz im »Kreisauer Kreis« über seine Verhaftung und seine Gefängnisaufenthalte bis zu seiner Ermordung durch die Nazis. In allen Abschnitten seines Lebens ist Delp der Mensch, der zu Gott unterwegs ist und den Mitmenschen Wege zu Gott bahnen will. Delps gewaltsamer Tod am 2. Februar 1945 ist politisch, weil ihm die Umstände keine andere Wahl ließen. Sein Zeugnis ist das eines denkenden und betenden Menschen, der völlig auf den Herrgott vertraut.

Delp kannte das Gebet seines Mitbruders, des heiligen Petrus Canisius (1521–1597), des ersten deutschsprachigen Jesuiten: *Du weißt, Herr, wie sehr und wie oft du mir Deutschland ans Herz gelegt hast, damit ich mich ganz für Deutschland hingebe und nichts mehr anderes wünsche, als für Deutschland zu leben und zu sterben.* – Dieses Gebet galt es nun zu leben. Alfred Delp erkannte die Verpflichtung der Stunde und bejahte sie: *Wenn die Geschichte entartet, dann ist die Stunde gekommen, in der der Mensch die Geschichte nicht verraten darf. Dieses ist das erste Gesetz der Freiheit, und zu diesem Gesetz muss die Freiheit stehen, auch um den Preis der persönlich-geschichtlichen Katastrophe.*

Prof. Dr. Roman Bleistein SJ (1928–2000) hat die Zeit des Nationalsozialismus in jahrelanger, intensiver Arbeit in vielen Publikationen aufgearbeitet. Auch die schriftlichen Zeugnisse Alfred Delps, des sensiblen Denkers für die Probleme der Zeit, hat er in einer Biografie und in der fünfbändigen Ausgabe der »Gesammelten Schriften« umfassend und sorgfältig ediert. Diese Dokumentationen bilden die Grundlage jeglicher weiterer Forschungen – auch dieses Taschenbuches, das 2007, im Jahr des 100. Geburtstages von Alfred Delp, erscheint.

München, im September 2006 Dr. Rita Haub

Die Jesuiten und das Dritte Reich

Die nationalsozialistische Diktatur bekämpfte von Anfang an die Jesuiten neben Juden, Kommunisten und Freimaurern als Hauptfeinde des »Vaterlandes«. Sie ist über die Jesuiten hereingebrochen wie ein verheerender Sturm und hat viele ihrer Arbeiten zunichte gemacht, vor allem die Arbeiten mit der Jugend. Die Jesuitenschulen wurden geschlossen, die Jesuiten vertrieben und die Schulgebäude für andere Zwecke in Anspruch genommen. Nur die Seelsorge in den Kirchen blieb zunächst noch ohne wesentliche Behinderung erhalten. Jede Tätigkeit außerhalb der Kirche war verboten. Der Jesuitenorden ließ sich aber nicht von seiner Arbeit abbringen, sondern führte Vieles im Geheimen in Privathäusern weiter.

Im Januar 1934 kam es zur ersten Hausdurchsuchung durch die Politische Polizei im Jesuitenhaus bei St. Michael in München, und bereits zwei Monate später wurde der erste Pater wegen einer Predigt in St. Michael im Wittelsbacher Palais, der Zentrale der Gestapo, verwarnt. 1935 wurden die ersten Ordensangehörigen verhaftet. 1937 startete eine Pressekampagne gegen die Gesellschaft Jesu: In den Tageszeitungen erschienen Artikel über eine »Passfälscherzentrale der Jesuiten«. 1937 setzten die Hausdurchsuchungen auch bei den Jesuiten in größerem Stil ein. 1938/39 wurden die Häuser der Jesuiten beschlagnahmt oder enteignet. Der nächste Schritt im Kampf gegen den Orden war die Erfassung aller Ordensmitglieder – ähnlich wie die Juden – in Spezialkarteien mit dem Ziel, dass bis 1942 kein Jesuit mehr im Lande sein sollte. – Die Kartei konnte allerdings dadurch abgewehrt werden, dass die Provinziäle die Listen trotz aller Drohungen nicht auslieferten. 1941 wurden dann einige Häuser zwangsaufgelöst.

1943 versuchte man durch einen spektakulär inszenierten Devisenprozess gegen Pater Oswald von Nell-Breuning SJ in München vor dem Sondergericht den Jesuiten zu schaden. – Die sogenannten »Devisen- und Sittlichkeitsprozesse« waren Hitlers »Geheimwaffe« gegen den Vatikan, da dieser öffentliche Gerichtsverhandlungen bei den staatlichen Manipulationsmöglichkeiten fürchten musste. – Die Anklage warf Nell-Breuning vor, er habe für seinen Orden Genehmigungen für Zinszahlungen nach Holland erschlichen. Der Staatsanwalt musste die Anklage zurückziehen, da nachgewiesen werden konnte, dass die ausländischen Schuldverpflichtungen echt waren. Trotzdem gab es keinen Freispruch, sondern das Urteil lautete auf drei Jahre Zuchthaus, 500.000,– Reichsmark Geldstrafe und Ersatzeinziehung in Höhe des ins Ausland gezahlten Zinsbetrages. Die Urteilsbegründung war, Pater von Nell-Breuning habe die zur Zinszahlung verwendeten Beträge *aus Misstrauen gegen den nationalsozialistischen Staat* ins Ausland verschoben. Nell-Breuning musste die Haft aber wegen mangelnder Gesundheit nicht antreten. Die beiden deutschen – die Niederdeutsche und die Oberdeutsche – Jesuitenprovinz aber mussten zusammen eine Million Reichsmark Strafe zahlen, eine Summe, die nur mit der selbstlosen und risikoreichen Hilfe vieler Freunde des Ordens aufgebracht werden konnte.

Nicht wenige Jesuiten wurden wegen ihrer seelsorglichen Tätigkeit von den NS-Behörden verfolgt, verbannt, oder in Konzentrationslager verschleppt. Einige von ihnen wurden hingerichtet. Im Jahr 1942 starben die ersten Jesuiten im KZ Dachau, weitere Patres waren in anderen Lagern und Gefängnissen inhaftiert, von deutschen Jesuiten über 20, von Jesuiten aus anderen Ländern Europas über 100. Im Februar 1943 bekam das so genannte »Judenkommissariat« die Angelegenheit der Jesuiten übertragen, was Schlimmstes zu befürchten ließ. Im totalen Krieg mit seinen Bombenangriffen wurden schließlich 1944/45 viele Niederlassungen der Jesuiten – vor allem in den Großstädten – zerstört.

Ein Terrorregime, das jede persönliche Freiheit aufhob und jegliche Ethik dem Volkstum unterordnete, musste den Widerstand der denkenden und erst recht der von religiösen Grundsätzen geprägten Menschen herausfordern. Die Jesuiten haben in der NS-Zeit diese Herausforderung angenommen und sich nicht von ihrem Weg abbringen lassen. So wurden sie zu einem Wegweiser durch eine oft kaum durchschaubare Welt.

Die Nationalsozialisten versuchten, dem Orden die Existenzgrundlage zu entziehen, indem sie viele Jesuitenhäuser beschlagnahmten und ihn durch hohe Geldstrafen in finanzielle Nöte zu bringen suchten. Sie wollten die Jesuiten in der Öffentlichkeit herabsetzen, indem sie ihnen Devisenvergehen nachsagten, sie in Pamphleten verleumdeten und sie aus der

Wehrmacht entließen. Sie boykottierten ihre Jugendarbeit, indem sie die Kollegien auflösten und die Jugendverbandsarbeit entweder ab 1938 (Bund »Neudeutschland«) verboten oder in die Sakristei (Marianische Kongregationen) abdrängten. Sie erschwerten jede Art schriftstellerischer Tätigkeit, indem sie Zeitschriften auf Monate hin verboten oder am Ende ganz – wegen *Papiermangels* – einstellten. Sie verfolgten mit Spitzeln die Prediger und Exerzitienleiter, um einzuschüchtern und um die Wahrheit niederzuhalten.

Trotz dieser Tatsachen widerstanden nicht alle Jesuiten der Ideologie des Nationalsozialismus von Anfang an. Eine Minderheit erwartete von der nationalen Revolution Großes und bedauerte, *nicht mitmachen zu können.* – Doch es gab keinen Jesuiten, der den Orden verlassen hat, um sich den Nationalsozialisten anzuschließen.

Der Großteil der Jesuiten – wie auch andere katholische und evangelische Geistliche und Laien – stellte sich mutig der Nazidiktatur entgegen und folgte dem Ver-Führer nicht blind. Und manche von ihnen bezahlten den Widerstand gegen Unrecht und Unterdrückung mit ihrem Leben. Allem zum Trotz waren die Jesuiten bis zum Ende des Dritten Reiches unermüdlich im Dienst an den Menschen, in der Seelsorge engagiert, versuchten sie über den Nationalsozialismus als eine Pseudoreligion aufzuklären und arbeiteten auch einige von ihnen im eigentlichen Widerstand, im »Kreisauer Kreis« mit.

Wie sehr die Jesuiten unter dem Nationalsozialismus zu leiden hatten, machen die Zahlen deutlich: Von 380 deutschen Patres, die dem Zugriff der Nazis ausgesetzt waren, wurden 266 aus ihren Häusern vertrieben. Ingesamt hatten 80 Jesuiten unter den Übergriffen der Nazis zu leiden, die bestanden aus: Predigtverbot und -überwachung, Verhör, Verhaftung, Schutzhaft, Entzug der Unterrichtserlaubnis, Passverweigerung, Telefon- und/oder Postüberwachung, Hausarrest, Redeverbot, Beschlagnahme von Briefen, Schriften und Akten, Verwarnung, Zimmerdurchsuchung, Wehrunwürdigkeit, Aberkennung der deutschen Staatsbürgerschaft, Landesverweis.

Zwei Jesuiten der Oberdeutschen Provinz wurden zum Tod verurteilt und hingerichtet: Alois Grimm SJ am 11. September 1944 und Alfred Delp SJ am 2. Februar 1945. Von den Patres der Österreichischen Provinz wurde Johann Steinmayr SJ vom Präsidenten des Volksgerichtshofs, Dr. Roland Freisler, wegen *Wehrkraftzersetzung* zum Tode verurteilt und am 18. September 1944 in Brandenburg-Görden enthauptet. Johannes Schwingshackl SJ erhielt am 16. Dezember 1944 vor dem Sondergericht in Salzburg – wiederum von Freisler – das gleiche Urteil. Er starb in der Nacht vor seiner Hinrichtung am 27. Februar 1945 im Gefängnis München-Stadelheim. Zwölf Jesuiten wurden in Konzentrationslager verbracht, drei davon starben im KZ Dachau. – Die Gesellschaft Jesu hielt unter den 40 Orden und Kongregationen, die in Dachau vertreten waren, den Rekord. Von 1941 an, wo Dachau dazu bestimmt wurde, das Lager zu werden, in das alle Priester und Ordensleute in besonders gekennzeichnete Baracken überführt werden sollten, wurden bis zum Ende April 1945 96 Jesuiten aus dreizehn verschiedenen Provinzen registriert. Es starben von ihnen insgesamt 31 an Hunger, an Erschöpfung, an Misshandlung. Zwei wurden Opfer der Euthanasie. 26 mussten mehrjährige oder kürzere Gefängnisstrafen absitzen. Dreizehn kamen bei Kriegseinwirkungen ums Leben. 79 Jesuiten kehrten nicht mehr aus dem Krieg zurück – sie waren gefallen, gestorben oder vermisst. Wie viele in den Gefangenenlagern kommunistischer Diktaturen ihr Leben lassen mussten, wird sich nie erfassen lassen.

Alfred Delp – Stationen seines Lebens

Kindheit und Jugend

Kindheit

Friedrich Alfred Delp wurde am 15. September 1907 in Mannheim als ältester Sohn des evangelischen Kaufmanns Johann Adam Friedrich Delp (1876–1958) und seiner katholischen Frau Maria, geborene Bernauer (1881–1968) geboren und zwei Tage später – auf Wunsch der Mutter – in der katholischen Oberen Pfarrei zu Mannheim getauft. Die Familie Delp wohnte zunächst in Hüttenfeld, einem kleinen Ort nördlich von Mannheim, wo der Vater in der Dienststelle der Ortskrankenkasse Bensheim tätig war. 1914 zog die Familie, die inzwischen fünf Kinder – zwei Jungen und drei Mädchen – hatte, in das nahe gelegene Lampertheim um, wo 1921 noch ein weiterer Sohn zur Welt kam. Im Kreis seiner Eltern und Geschwister verbrachte Alfred eine frohe Kindheit.

Als Alfred 1914 in Lampertheim eingeschult wurde – ein Jahr zuvor hatte er in Hüttenfeld eine konfessionell gemischte

In der Volksschule in Hüttenfeld, nach 1914; Alfred Delp: in der Mitte der vordersten stehenden Reihe

Volksschule besucht –, bestand der Vater darauf, dass er die evangelische Volksschule besuchte, um eine evangelische Erziehung sicherzustellen. Doch nahe der Wohnung der Familie Delp lag die katholische Pfarrkirche, wo sich Alfred oft im Pfarrhaus bei Pfarrer Johannes Unger (1886–1935) aufhielt. In ihm fanden die Delp-Kinder einen väterlichen Freund, gerade in den Jahren, in denen der Vater im Krieg oder bei der Reichswehr war. Vater Delp kehrte erst um 1920 endgültig vom Militär heim. Die Mutter, gebürtig aus dem Odenwald, die vor ihrer Ehe als Köchin in einem Offiziershaushalt gearbeitet hatte, musste so in den wirtschaftlich schweren Zeiten allein für die große Familie sorgen und arbeitete in der Verwaltung eines Gutshofes in Lampertheim, um für alle Kinder genügend Lebensmittel zu erhalten. Sie gab diese Tätigkeit erst 1921 mit der Geburt des jüngsten Sohnes auf.

Da Alfred 1921 konfirmiert werden sollte, nahm er am Konfirmandenunterricht teil und fiel durch seine bei der Konfirmation üblichen Vorstellung im Gemeindegottesdienst durch seine klugen Antworten auf. Eine kleine Auseinandersetzung mit dem evangelischen Pastor Rudolf Eckel (1875–1929) – er kam zu spät in die Religionsstunde und erhielt daraufhin eine Ohrfeige – führte jedoch dazu, dass Alfred sich zwar am 28. März 1921 konfirmieren ließ, sich dann aber, da jetzt religionsmündig, für die katholische Konfession entschied. Am 19. Juni 1921 empfing er – durch Pfarrer Unger persönlich vorbereitet – in Lampertheim die Erste Heilige Kommunion. Am 28. Juni 1921 wurde er durch Bischof Ludwig Maria Hugo (1871–1935) bei der allgemeinen Firmung in Lampertheim gefirmt. – Diese Wende, von Delp rückwirkend beschrieben mit *als ich zur katholischen Kirche kam* und deshalb oft fälschlicherweise als Konversion bezeichnet, brachte Delp auf einen neuen Weg seines Lebens mit vielen Chancen. Er wurde zum sozialen Aufsteiger. Gerade deshalb behielt er sein ganzes Leben lang eine große Sensibilität für die soziale Frage und für die Ökumene.

Gymnasium

Dieser Eigensinn eines gekränkten Jugendlichen zog seine Konsequenzen nach sich: Mutter Delp, die schon bisher mit dem katholischen Pfarrer zusammen für die religiöse Erziehung ihrer Kinder gesorgt hatte, legte nun gesteigerten Wert darauf, dass Alfred »richtig« im katholischen Glauben erzogen wurde. So wurde er nach Ostern 1922 in das bischöfliche Konvikt nach Dieburg und in das dortige humanistische Gymnasium geschickt. Auch hier stand Pfarrer Unger helfend bei, sowohl Mutter Delp, für die er die nötigen Kontakte knüpfte, als auch Alfred, den er mit Nachhilfeunterricht in Latein und Griechisch so gut auf das Gymnasium vorbereitete, dass dieser nach glänzend bestandener Aufnahmeprüfung für die Untertertia sogleich in die Obertertia aufgenommen wurde. Dort brachte er so gute Leistungen, dass er 1923 auch die Untersekunda überspringen und sofort in die Obersekunda vorrücken durfte. Alfred Delp stach bereits damals durch seine Intelligenz, seine Zielstrebigkeit, Hilfsbereitschaft und Heiterkeit hervor. Er war ein eifriger Schüler und kam im Unterricht mit Leichtigkeit voran, aber er war kein Streber. Er war ein durch und durch fröhlicher Mensch, lachte gerne und war übermütig und unternehmungslustig. Und er war in der Schule alles andere, als ein Musterknabe. So schrieb er später einmal: *Lasst Euch von meiner Mutter keine »Heiligenlegenden« über mich erzählen. Ich war ein Strick!*

Obertertia im Gymnasium in Dieburg, Ostern 1923; Alfred Delp: rechts außen in der hintersten Reihe

Jugendbund »Neudeutschland«

Neben Schule und Konvikt spielte der Jugendbund »Neudeutschland« (ND) eine große Rolle im Leben des jungen Alfred Delp. – Der ND war 1919 vom Erzbischof von Köln, Felix Kardinal von Hartmann (1851–1919), als katholischer Schülerverband gegründet worden, und besaß in seinem Generalsekretär Pater Ludwig Esch SJ (1883–1956), einen wortgewaltigen Inspirator. Als Delp sich am 8. Dezember 1922 dem ND anschloss, hatte der Bund bereits eine Phase der inneren Klärung auf verschiedenen Verbandstagen hinter sich gebracht. Die Entscheidung zur Jugendbewegung war gefallen und damit zu *Natürlichkeit, Einfachheit, Wahrhaftigkeit, Selbstverantwortung, Gemeinschaft, freie Wahl des Jugendführers und Gefolgschaft, Wandern, Heimat und Volk, frohe Feste mit Laienspiel und Liedern aus dem eigenen Liederbuch »Jungvolker«*. Grundlegend für den ND war aber das sogenannte »Hirschbergprogramm«, das auf dem fünften Bundestag auf Schloss Hirschberg bei Beilngries 1923 beschlossen wurde. Aus diesem Programm prägte Delp dreierlei: Die Christuskreise führten ihn in eine enge Bindung zu Jesus Christus. Die Theologie vom Verhältnis zwischen Natur und Gnade förderte in ihm eine große Hochschätzung der Schöpfung und der modernen Welt. Der Aufbauwille in einem bedrängten und armen Deutschland vermittelte ihm eine innere Bindung an Deutschland, als Reich, Vaterland und Heimat, die ihn sein ganzes Leben lang bestimmte.

Aber das Leben im ND war nur die wichtigste Nebensache in Delps Leben, denn er wollte das Gymnasium erfolgreich abschließen. Es gelang ihm, am 16. März 1926 das Abitur mit 19 Jahren als Klassenbester zu bestehen und im Zeugnis als Noten nur sehr gut (Betragen, Aufmerksamkeit, Religionslehre, Deutsch, Staatsbürgerkunde, Griechisch, Hebräisch, Physik) und gut (Geschichte, Erdkunde, Latein, Französisch, Mathematik) vorweisen zu können. – Damit war ihm die erste Stufe eines sozialen Aufstiegs geglückt. Viele fragten sich: Was wird er einmal werden? Und damit beginnt die zweite Station seines Lebens.

Der Vater hatte für Alfred insgeheim an eine Karriere im Staatsdienst gedacht. Und Pfarrer Unger hatte für ihn bereits über die Diözese Mainz einen Freiplatz am Germanicum in Rom für das Priesterstudium reservieren lassen. Doch wieder entschied sich Delp anders, als das Umfeld von ihm erwartete: Am 22. April 1926 trat er in den Jesuitenorden ein. – Er hatte sich bereits in den Ferien 1924 für diesen Lebensweg entschieden, weil er der Meinung war, im Jesuitenorden *dem Heiland am besten dienen zu können, wie er im »Fragebogen für die Kandidaten der Gesellschaft Jesu«* eintrug.

In einem Brief an seine Mutter im November 1926 verglich er seine Entscheidung mit der des zwölfjährigen Jesus im Tempel: *Welche Antwort hat der Heiland auf die schmerzdurchzitternde Frage seiner Mutter? »Wusstest Du nicht, dass ich in dem sein muss, was meines Vaters ist?« (Lk 2,49) Und siehe, ich bin nun beim Heiland, ich tat es, wie er es mir vormachte. Nur nicht so schön, so edel wie er. Ich bin halt nur ein armer Mensch und er war Gott.* Delp vergleicht sich also mit dem jungen Jesus, der seine Entscheidungen auch für sich selbst getroffen hat, von der seine Eltern nichts wissen, und die sie nicht verstehen, als er sie ihnen erklären will. – Den Grund für seine Entscheidung behielt Delp ein Leben lang für sich. Er hatte, wie er 1937 einmal schrieb, auch daran gedacht, seinem Taufpaten nachzueifern und Offizier zu werden. Vermutlich aber hatte der ND zu dieser Lebensentscheidung geführt, denn wie Alfred Delp entschieden sich in diesen Jahren viele aus dem ND, was der damalige Bundesmeister, Professor Johannes N. Zender (1877–1948) in seinen »Erinnerungen« damit begründete, *dass zahlreichen Jungen die Geschlossenheit, die straffe Disziplin, die Weltweite des Ordens überhaupt und die Aussichten auf vielseitige Tätigkeit höchste Achtung einflößten, ebenso wie die Rücksichtnahme auf die einzelnen Interessen des Bewerbers.* So verwundert es nicht, dass sich viele Mitglieder des ND im Noviziat der Gesellschaft Jesu wieder trafen.

Bereits einen Monat nach seinem Abitur, am 22. April 1926, trat Delp in das Noviziat der Oberdeutschen (= Süddeutschen) Provinz der Gesellschaft Jesu in Tisis bei Feldkirch/Vorarlberg ein. Im Herbst desselben Jahres machte er die dreißigtägigen Exerzitien. Seinem Novizenmeister Pater Otto Daneffel SJ (1877–1958) fielen bald zwei Eigenarten auf, die er auch kritisierte: zum einen die *protestantische Herkunft* Delps die sich bei Diskussionen in Glaubensfragen darin äußerte, dass Delp eher zu protestantischen als zu katholischen Argumenten neigte. Pater Daneffel riet ihm daher, den Katholischen Katechismus einmal gründlich zu lesen und richtig zu lernen. Das andere, was dem Novizenmeister missfiel, war die ziemlich unleserliche Handschrift Delps, die schon von dessen Lehrern im Gymnasium gerügt worden war. Delp erhielt deshalb von einem Mitnovizen Schönschreibunterricht, was allerdings nicht zu dem gewünschten Erfolg führte, wie spätere Schreiben zeigen.

Viele seiner Mitnovizen erinnern sich an Delps Fröhlichkeit, an seine lebhafte, vitale Art und an sein lautes Lachen. Daneben fiel auf, dass ihn innerhalb der politischen Interessen besonders stark die soziale Frage berührte. Und er verfügte über ein großes geschichtliches Wissen.

Während seiner Studienzeit in Tisis entwickelte sich ein freundschaftliches Verhältnis zu seinem Lateinlehrer, dem späteren weltweit bekannten Theologieprofessor und Konzilstheologen Karl Rahner SJ (1904–1984), das bis zu Delps gewaltsamem Tod lebendig blieb.

Am Ende des Noviziates legte Alfred Delp am 27. April 1928 die Ersten Ordensgelübde der Armut, Ehelosigkeit und des Gehorsams ab und band sich an den Jesuitenorden.

Den damaligen Alfred Delp beschreibt sein Mitnovize Franz Meßbacher SJ (1908–1980): *Der temperamentvolle Lampertheimer war nicht zu übersehen. Aus der Jugendbewegung kommend (er hatte der Jugendgemeinschaft ND angehört) war er voller Sturm und Drang: bei der Arbeit, beim Studium, beim Wandern, beim Bergsteigen und in der Diskussion, wo er so etwas wie der Hecht im Karpfenteich war mit seiner Intelligenz, seinem Widerspruch und seinem Lachen – er konnte einen auch ganz schön auslachen. Er war nicht gerade musikalisch, aber im übrigen sehr musisch-schöpferisch, kein sehr gewandter, aber zäher Sportler, nicht tollkühn, aber im wahrsten Sinne mutig, kein allzeit bequemer und durchaus kein Typ für schnelle Freundschaften, aber ein ehrlicher und treuer Kamerad.*

Philosophiestudium in Pullach

Danach übersiedelte Delp Anfang Mai 1928 ins Berchmanskolleg in Pullach im Isartal, südlich von München, das in den Jahren 1924–1926 für die philosophischen Studien der jungen deutschen Jesuiten errichtet worden war. Dort studierte er in

Alfred Delp mit einem Freund in Pullach während seiner Studienzeit im dortigen Berchmanskolleg, 1930

den Jahren 1928–1931 im Rahmen der Ausbildung im Orden und zeigte sich als fröhlich-kritischer Mitbruder. Hier legte er entscheidende Grundlagen für sein späteres berufliches Engagement. Er lernte die ruhige Sicherheit scholastisch-systematischen Denkens schätzen. Delps besonderes Interesse, der eine eher zeitbezogene Philosophie suchte, lag dabei auf dem neuesten Werk von Martin Heidegger (1889–1976), »Sein und Zeit«, dessen erster Teil 1927 in Leipzig erschienen war. Delp war fasziniert von der Sprache Heideggers, von der existentialistischen Sicht des Menschen, von der Würdigung der geschichtlichen Existenz. Er bewunderte an der Heideggerschen Philosophie deren große Einfühlsamkeit in den modernen Menschen, kritisierte aber an ihr, dass dieser Philosophie die Mitte fehle, dass also im Letzten das »Woraufhin« des Menschen, Gott, nicht im Blick sei.

Ende Juni 1931 legte Delp sein Abschlussexamen mit Erfolg ab. Am 9. und 10. April 1931 empfing er in der Hauskapelle des Berchmanskollegs die niederen Weihen, was ihn berechtigte, die heilige Messe als Subdiakon mitzufeiern. Er schreibt Mitte Juni 1931 an seine Mutter: *Fronleichnam habe ich zum ersten Mal beim Hochamt als stellvertretender Subdiakon levitiert und nachher bei der Prozession das Allerheiligste begleitet. Das waren schöne Stunden.*

Provinzial Franz Xaver Hayler SJ (1876–1965) plante ein sozialwissenschaftliches Institut des Ordens, für das er im Laufe des Jahres 1931 auch Alfred Delp vorsah, der sich an der Ausarbeitung der sozialphilosophischen Grundlagen beteiligen sollte. Delp lieferte als Qualifikationen für eine solche Aufgabe zwei Beweise, die ihn als guten Beurteiler und Kritiker seiner Zeit auswiesen: Zum einen hatte er im 1933 in Freiburg im Breisgau erschienenen Opus »Aufstiege zur Metaphysik heute und ehedem« seines Freundes und genialen Professors der Philosophiegeschichte Bernhard Jansen SJ (1877–1942) das letzte Kapitel mit dem Titel »Sein als Existenz. Zur Metaphysik heute« verfasst.

Zum anderen veröffentlichte er 1935 in Freiburg im Breisgau sein erstes eigenes Werk unter dem Titel »Tragische Existenz. Zur Philosophie Martin Heideggers«. Darin findet sich bereits schon das Programmatische seines Lebenswerks, nämlich die *Gottunfähigkeit* – nicht nur Gottlosigkeit – des modernen Menschen sehen und beheben helfen. *Und das ist die Tragik [unserer Zeit], dass sie den Menschen nicht findet, weil sie Gott nicht sucht, und dass sie Gott nicht sucht, weil sie keine Menschen hat.* Delp sieht das Tragische der deutschen Existenz im Geheimnis *der fehlenden Mitte.* Es ist wichtig, wieder heimisch zu werden in den Bezirken der Mitte, *der bewegten Ruhe, der wogenden Beständigkeit.* Wenn der Mensch seinen Blick wieder frei bekommt für das ganze Sein mit allen seinen Bindungen – also auch mit seiner Bindung an Gott, dann mag es wieder geschehen, dass wir uns durcharbeiten zu der Mitte und uns dort wieder ansiedeln, wo alle Untergänge und Ängste und Mühsale und Entschlossenheiten einen neuen Sinn finden. Wo die Existenz aus aller Tragik entbunden wird, weil dort, wer sein Leben verliert, es übervoll wieder findet.

Delps Kritik, dass nämlich der Mensch am Ende vor dem Nichts stehe und nur heroisch diese aufreizende Vergeblichkeit aushalte – übrigens ist sie die erste Auseinandersetzung eines Katholiken mit diesem modernen Philosophen! – wurde insoweit bestätigt, als der Heideggersche Heroismus im Dritten Reich den Nationalsozialisten gute Dienste leisten konnte, indem er zum Durchhalten in der bald aussichtslosen Kriegslage beitrug.

Präfekt in Feldkirch und St. Blasien

Entsprechend des Ausbildungsganges eines Jesuiten kam Delp im Juli 1931 als Erzieher an das 1856 gegründete Jesuitenkolleg Stella Matutina in Feldkirch. Die »Stella« war mit einem Internat für deutsche, österreichische und schweizerische Jugendliche verbunden, wo jeder Abteilung von 50 bis 80 Jugendlichen immer zwei Jesuitenfratres als Erzieher, so genannte »Präfekten«, vorstanden. Delp war erst zweiter, dann erster Präfekt der 5. Abteilung, also der Schüler der 7. und 8. Gymnasialklasse. Seine Aufgabe war es, für Disziplin und die ordnungsgemäße Gestaltung des Internatslebens zu sorgen, aber auch für ein für das jeweilige Schüleralter passende pädagogische Programm für die Freizeit und die Schulferien der Internatszöglinge, die diese im Kolleg verbrachten. Die Leitung hatte der Generalpräfekt Pater Augustin Rösch SJ (1893–1961), der 1935 Provinzial der Oberdeutschen Jesuitenprovinz

Die Präfekten der Stella Matutina, Herbst 1933 bis Ostern 1934; in der Mitte sitzend: der Generalpräfekt und spätere Provinzial der Oberdeutschen Provinz Augustin Rösch SJ; dahinter stehend: Alfred Delp

wurde. Die Jugendlichen waren vom Geist der Jugendbewegung erfasst und kamen somit mit den unzeitgemäßen Erziehungsgrundsätzen im »Präfektenbuch« aus dem Jahr 1916 nicht mehr zurecht, das von einer Pädagogik der Autorität geprägt war. Dies lehnte auch Alfred Delp ab mit den Worten: *Wir haben die Stella in Bewegung gebracht.* Dies geschah bei ihm, indem er statt gemeinsamer, artiger Spaziergänge Geländespiele mit den Jugendlichen organisierte und den Sport in der Freizeit entwickelte, was ihm leicht gelang, da er auch während des schulischen Unterrichts Turnen gab. Er gab den Geist der Jugendbewegung, den Geist des ND weiter.

Delp war bei seinen Jugendlichen sehr beliebt. Obwohl ihm praktische Fähigkeiten fehlten, waren es seine vitale und zupackende Art und seine geistige Überlegenheit, die ihn auszeichneten. Seine Gewohnheit, mit auf der Brust verschränkten Armen und vorgestrecktem Kinn vor sich hinstierend im

Präfekt Alfred Delp mit Schülern aus Deutschland, Österreich und der Schweiz in der Stella Matutina in Feldkirch, 1934 – letzter Spaziergang der 5. Abteilung vor dem Auszug nach St. Blasien; Alfred Delp in der Mitte der 2. Reihe von unten

Studiersaal oder bei anderen Gelegenheiten mit langen Schritten auszuschreiten, brachte ihm den Spitznamen »Bullus« ein. Delp trug auch das Seine zu den Festen und Feiern bei. So schrieb er für den Advent 1933 das Theaterstück »Der ewige Advent. Adventspiel im zwanzigsten Jahrhundert«. Er inszenierte das Stück selbst, und so machte das Spiel auf die Jungen der Stella einen großen Eindruck.

Nach der Machtergreifung durch die Nationalsozialisten veränderte sich Schritt um Schritt die politische Situation in Deutschland. Auch das Ausland hatte darunter zu leiden. Das Deutsche Gymnasium an der Stella Matutina wurde aufgrund der gewünschten nationalen Erziehung der deutschen Jugendlichen verboten. Äußerer Zwang der inneren Absicht war die Devisensperre von 1.000 Reichsmark.

Die so genannte »1.000-Mark-Sperre« – das Visum für jede einzelne Ausreise nach Österreich kostete 1.000 Mark –, die von der neuen Deutschen Regierung 1933 als erpresserische Sanktion gegen Österreich gedacht war, brachte es mit sich, dass die deutsche Abteilung der »Stella« ins Reich verlegt wer-

Alfred Delp vor dem Eingang des Kollegs St. Blasien, 1934

den musste. *Von Seiten des Reiches werde begreiflicherweise die Zusammenfassung aller volksschulpflichtigen deutschen Kinder auf dem Boden des Deutschen Reiches aus Gründen der einheitlichen Nationalen Erziehung gewünscht*, hieß es in dem offiziellen Schreiben, das die Eltern der deutschen Zöglinge der Stella erhielten. Geeignete Räume fanden sich im ehemaligen Benediktinerkloster St. Blasien im Schwarzwald, das zum größten Teil von Fürstabt Martin II. Gerbert (1722–1793, Abt seit 1764) errichtet worden war.

Am 20. März zogen die deutschen Schüler der Stella in Reih und Glied mit Gesang durch Feldkirch zum Bahnhof, wo der Sonderzug bereit stand. Am 17./18. April 1934 bezogen sie das neu gegründete Kolleg St. Blasien. Die ehrwürdigen mächtigen Klostergebäude – nach der Säkularisation 1803 als Fabrik genutzt – waren von den Jesuiten im Juli 1933 erworben und inzwischen den Bedürfnissen einer Schule und eines Internats entsprechend umgebaut worden.

In Ziegelfeld, einer Hütte in St. Blasien, 1938: Alfred Delp (2. von links), daneben Karl Fank SJ, dann Lothar König SJ, ganz rechts der spätere Kardinal Alois Grillmeier SJ

Delp übernahm nun als Präfekt die Ältesten des Kollegs, die so genannte »Oberabteilung«. Er legte größten Wert darauf, den Sinn der Jugendlichen für christentumsfeindliche Tendenzen im Nationalsozialismus zu schärfen, damit sie nicht in den Sog der nationalbegeisterten Jugend gerieten. Denn: Den Lehrern und Erziehern blieb keine andere Wahl, als die Hitlerjugend (HJ) im Kolleg einzuführen, wenn sie nicht wollten, dass Schule und Internat geschlossen oder

Eltern ihre Kinder von der Schule nehmen würden. Um dem NS-Staat kein Druckmittel in die Hand zu geben und dem Wunsch vieler Eltern nachzukommen, ihren Sohn aus Prestigegründen in der HJ zu sehen, fügte man sich.

Die Tendenz, die sich in Deutschland entwickelte, beobachtete Delp sehr genau, und er wollte, dass auch seine Schüler die Augen nicht davor verschlossen, weswegen er sie mit dem Nationalsozialismus konfrontierte und dazu brachte, sich damit auseinanderzusetzen. Deshalb nahm er in der Kollegsbibliothek auch Bücher auf, die von der nationalsozialistischen Jugend gelesen wurden. Delp war der Meinung, dass eine Mitgestaltung oder Änderung der HJ nur von innen heraus möglich war, nämlich, indem man das Übel an der Wurzel packt. Was er nicht wusste: Das Übel hatte sich bereits zu weit ausgebreitet.

Theologiestudium in Valkenburg und St. Georgen

Als seine Zeit als Präfekt in St. Blasien für den »Bullus«, wie er von den Schülern genannt wurde, die ihn sehr schätzten, vorbei war, setzte Delp ab Herbst 1934 seine Studien im holländischen Valkenburg im 1894 erbauten Ignatiuskolleg mit der Theologie fort. Er verstand sich gut mit seinen Mitstudenten und war immer hilfsbereit. Seine gute Auffassungsgabe zeigte sich auch hier wieder: Er war derjenige, der den Vorlesungsstoff nochmals mit seinen Freunden durcharbeitete, wenn sie damit Schwierigkeiten hatten. Unter seinen Mitbrüdern war er gefragt als einer, der auch die kompliziertesten Dinge verständlich und schnell erklären konnte.

Neben den Vorlesungen diskutierte er einmal in der Woche mit seinen Mitbrüdern über die Situation in Deutschland und die Ausbreitung des Nationalsozialismus, der immer mehr Freunde und Anhänger fand. Die Studenten tauschten ihre Gedanken, Ängste und Befürchtungen untereinander aus. Delp war dabei derjenige, der sich am meisten mit der wachsenden Gefahr auseinandersetzte.

In Valkenburg begann Delp wieder zu schreiben. Neben seinem Buch »Tragische Existenz« entwarf er ein weiteres Buch, das er in Zusammenarbeit mit seinen Mitbrüdern herausgeben wollte unter dem Titel »Der Aufbau. Die Existenzmächte des deutschen Menschen«. Der Plan wurde nicht verwirklicht, da sich seine Absicht, die vermeintlich positiven Ansätze im völkischen Aufbruch von 1933 christlich zu überformen, angesichts der politischen Entwicklung als unrealistisch herausstellte. Daneben war Delp Mitarbeiter der von Pater Jakob Nötges SJ (1880–1963) herausgegebenen Zeitschrift »Chrysologus«. So schrieb er 1936 unter dem Titel »Kirche und Zeitenwende« eine große Predigtreihe, in der er sich vor allem mit der »Deutschen Glaubensbewegung« auseinandersetzte. Diese Bewegung hatte sich aus der seit dem Ende des 19. Jahrhundert existierenden »germanischen Religionsgruppe« entwickelt und stand seit 1933 unter der Führung des Tübinger Religionswissenschaftlers Jakob Wilhelm Hauer (1881-1962). Ziel der Bewegung war der Aufbau einer arteigenen, deutsch-nordischen Religion. Delp kam beim Studium der verschiedenen Schriften, vor allem Alfred Rosenbergs »Der Mythus [sic!] des 20. Jahrhunderts« aus dem Jahr 1930 rasch zu dem Schluss, dass die Vorstellungen der »Deutschen Glaubensbewegung« nicht mit dem katholischen Glauben vereinbar sind.

Unmittelbar vor der Priesterweihe am 24. Juni 1937 in der Jesuitenkirche St. Michael in München; neben Alfred Delp Franz Prinz SJ, hinter ihm Alois Grillmeier SJ

Der Primiziant Alfred Delp mit seinen Eltern in Lampertheim, 4. Juli 1937

In der ersten Oktoberwoche 1936 begab sich Delp nach Frankfurt am Main, um an der 1926 gegründeten und von Jesuiten geführten philosophisch-theologischen Hochschule St. Georgen seine theologischen Studien fortzusetzen. Auch damals stand er in Auseinandersetzung mit dem Nationalsozialismus. Er plante, Alfred Rosenberg zu besuchen, um mit ihm über sein Buch zu diskutieren. Aber sein Provinzial Augustin Rösch SJ gab zu diesem Besuch keine Erlaubnis

Am 6. März 1937 wurde Delp zum Subdiakon und einen Tag später zum Diakon geweiht. Am 24. Juni 1937 – auf den Tag genau 400 Jahre nach dem Ordensgründer Ignatius von Loyola – wurde er in der Münchner Jesuitenkirche St. Michael von Michael Kardinal Faulhaber (1869–1952) zum Priester geweiht. – Seine Erwartung vor der Priesterweihe brachte Delp in einem Brief an einen Freund vom 3. März 1937 zum Ausdruck: *Und jetzt sollst Du Dich mit mir freuen: Nächsten Samstag/Sonntag werde ich hier im Dom (zu Frankfurt) zum Subdiakon und Diakon geweiht, Ende Juni dann in München (Freund, wird das schön. Du bist doch noch da?) zum Priester geweiht. Endlich vor den Toren der letzten Dinge, die ich auf dieser Welt suche. Alles andere, was Wert hat für mich, liegt drüber und wenn ich dieses eine wirklich habe, dann mag kommen, was will.*

Die Tage nach der Priesterweihe waren für Delp begeisternd, wie aus einem Schreiben an seine Eltern vom 9. Oktober 1937 hervorgeht: *Hier war es sehr schön. Ich konnte ziemlich viel arbeiten. Habe mehr als 50mal gepredigt. Die letzte Zeit jeden Tag, in sehr vielen Münchner Kirchen. Konnte sehr viel lernen, was dann für die Zukunft wieder brauchbar wird.*

Die Primiz feierte er am 4. Juli 1937 in Lampertheim. Als Primizspruch hatte er das Schriftwort 1 Kor 3,11 gewählt: *Niemand kann einen anderen Grund legen als den, der gelegt ist: Jesus Christus.* – In dieser Devise für sein priesterliches Leben und seelsorgerisches Wirken drückt sich die große Gottverbundenheit Delps aus: nur mit Gott als Grundstein führt der menschliche Weg an das richtige Ziel, zu Gott.

Der Höhepunkt seines bisherigen Lebens, der Delp mit Stolz und Freude erfüllte, war seine Priesterweihe. – Und hier beginnt die dritte Station in seinem Leben.

Was war aus ihm angesichts der Verhältnisse, wie Delp später sagen wird, doch geworden! Der politische Hintergrund, auf dem das Fest stand, wurde immer bedrohlicher, denn inzwischen saß Rupert Mayer SJ (1876–1945), der furchtlose Kämpfer gegen den Nationalsozialismus, wegen Übertretung des staatlichen Redeverbotes bereits in Haft im Gefängnis Stadelheim in München und wartete auf seinen Prozess vor dem Sondergericht.

Am 4. Juli 1937 hielt Kardinal Faulhaber auf der Kanzel der St. Michaelskirche in München seine große Predigt »Wenn die Flammenzeichen rauchen«, in der er gegen die Verhaftung Pater Mayers am 5. Juni 1937 protestierte und den Eingriff der Nationalsozialisten in das Verkündigungsrecht der Kirche energisch zurückwies: dem Staat stehe dieses Recht nicht zu.

Am gleichen Tag feierte Delp in seinem Heimatort Lampertheim mit seiner Familie und mit der Pfarrgemeinde seine Primiz – ein großes Fest für ihn. Auf der Vorderseite seines Primizbildchens ließ er den Satz drucken: *Die Wahrheit wird euch frei machen* (Joh 8,52). Damit hatte er sich ein Programm zu Eigen gemacht, das angesichts der wachsenden Unterdrückung und Lüge im Dritten Reich nichts Gutes ahnen ließ.

Jesuitenkirche St. Michael München

Unmittelbar nach den festlichen Tagen der Priesterweihe und der Primiz wirkte Delp in der großen Seelsorgskirche St. Michael in München. In einer Predigt über die »Christliche Persönlichkeit« trug er am 10. Oktober 1937 vor, dass nur das Christentum dem Menschen helfe, ein Mensch zu bleiben. Er kritisierte das Traditionschristentum, das sich so schnell anpasse und so stumm sei und forderte dazu auf, sich zu einem persönlichen, engagierten Glauben zu entscheiden: *Es ist unsere Sache, dass wir uns sehen lassen. Dass wir zeigen, dass wir da sind und dass wir da bleiben und dass wir gar nicht daran denken, aus dem hellen Licht des deutschen Tages zu weichen. Darauf kommt es jetzt an, dass jeder mit einer unüberbietbaren Selbstverständlichkeit dabei bleibt und zeigt, dass er Christ ist ... Dem Ganzen die Treue halten; nicht aus der Erde flüchten und nicht den Himmel verraten: Das sind die Christen!* Demnach sei das Schicksal der Kirchen in die Hände des einzelnen Christen gelegt. – Ein kritisch-mutiges Wort von jener Kanzel, die bisher Rupert Mayer SJ innehatte, der bereits auf Druck der Geheimen Staatspolizei verstummt war.

Am 8. Juli 1938 beendete Delp sein Theologiestudium mit dem Lizentiat, auf Grund dessen ihm dann, wie damals in der Gesellschaft Jesu üblich, der Römische Doktor der Theologie verliehen wurde. Seine Grundausbildung im Jesuitenorden war damit beendet. Wie sehr er während seiner letzten Studienzeit über seine gewählte Lebensform als Ordensmann und Priester nachdachte, zeigt ein Text, den er dem Hausoberen von St. Michael in München, Georg Waldmann SJ (1902–1979), am 15. August 1938 zu dessen Ablegung der Letzten Gelübde zum Geschenk machte: *»Skizze eines jesuitischen Menschenbildes«. Delp sah darin das jesuitische Menschenbild an das Schicksal der Kirche gebunden und schrieb: Unsere Aufgabe aber ist es, zu sorgen, dass jede geschichtliche Stunde die entsprechenden Menschen finde, bereit und fähig, den fälligen Typ, die fällige Gestalt jesuitischen Menschentums zu leisten und zu verwirklichen.*

Tertiat und Zukunftspläne

Auf die theologischen Studien folgt das letzte, spirituelle Ausbildungsjahr eines Jesuiten, das Tertiat. Delp begann es unter der Leitung von Pater Albert Steger SJ (1884–1958) am 16. September 1938 auf der Rottmannshöhe am Starnberger See. Schon fünf Tage später wurde es aus politischen Gründen nach Feldkirch verlegt, um einer Enteignung des Hauses durch die Nazis entgegenzuwirken. Als die Gefahr vorüber war, kam das Tertiat wieder zurück auf die Rottmannshöhe. Delp machte sich während der Großen Exerzitien vom 8. Oktober bis 6. November 1938 viele Gedanken um seinen eigenen christlichen Lebensweg. Eine seiner Haupterkenntnisse in seinen Niederschriften dazu lautete: *Gott mehr ernst nehmen.*

Er muss in meinem Leben eine größere Rolle spielen als bisher. Ich muss persönlich mit meinem Gott leben. Ich zu Du.

Noch in den letzten Tagen des Tertiats begann Delp mit seinem Provinzial seine weitere Zukunft zu planen. Sie waren sich darüber einig, dass Delp seine wissenschaftlichen Studien noch weiter vertiefen sollte, weswegen er sich an der Münchner Ludwig-Maximilians-Universität in Philosophie und Staatswissenschaften immatrikulieren wollte. Doch er wurde Ende Juli 1939 vom Rektor der Universität abgelehnt mit der Begründung, als Jesuit könne er sowieso nicht promovieren. In dem Mitteilungsschreiben vom Rektor der Universität, Dr. Wüst, hieß es lediglich: *Ich pflichte dem Standpunkt der Universitätsbehörde bei, wonach die Zulassung des Angehörigen des Jesuitenordens Alfred Delp zur Doktorprüfung in der philosophischen oder in der staatswissenschaftlichen Fakultät nicht genehmigt werden kann. Damit wird auch das Immatrikulationsgesuch Delps hinfällig sein …* Der eigentliche Grund war aber sicher seine Ordenszugehörigkeit und sein öffentliches Bekenntnis zu seinem Glauben, denn das NS-Regime machte bereits offen Front gegen die Kirche.

Nach Kriegsausbruch im Herbst 1939 fasste Delp den Plan, als Pfarrer an die Front zu gehen, um dort direkten seelsorglichen Beistand leisten zu können, und begründete seinen Antrag mit der Aussage: *Außerdem wollte ich gerade als Jesuit unter Beweis stellen, dass mir die Anliegen und Sorgen meines Volkes immer eine ernste Pflicht sind.* Doch auch dieser Wunsch blieb unerfüllt. Und wieder war der Grund die Ordenszugehörigkeit Delps. Der katholische Feldbischof der deutschen Wehrmacht teilte ihm mit, man wünsche keine weiteren Ordensgeistlichen auf einem solchen Posten. – Alfred Rosenberg (1893–1946), der Chefredakteur des »Völkischen Beobachters« und neben Goebbels ideologischer Hauptpropagandist des Nationalsozialismus, hatte in seiner Kampfschrift »Der Mythus des 20. Jahrhunderts« verbreitet: *Der Orden der Jesuiten arbeitet … zielbewusst an der Zersetzung des nordisch-germanischen Abendlandes und nistet sich naturnotwendig überall dort ein, wo eine Wunde im Volkskörper bemerkbar ist. … Seit der Herrschaft des Jesuitismus kann kein nordischer Mensch bewusst Germane und zugleich Anhänger des [Ignatius von] Loyola sein.* Damit war dem Jesuitenorden aus einem zweifachen Grund der direkte Kampf angesagt worden: Zum einen, weil er die nordisch-germanische Ideologie bekämpfte. Und zum anderen, weil er angeblich den Kampfgeist jener Institution unterwanderte, die diese Ideologie rücksichtslos durchzusetzen hatte: die Deutsche Wehrmacht. Darum erließ Adolf Hitler dann im Juni 1941 den Geheimbefehl, alle Jesuiten aus der Deutschen Wehrmacht zu entlassen und sie – gleich Wehrunwürdigen – als nicht zu verwenden zu erklären. Aber auch schon vorher war ein Fernhalten von Jesuiten von der Front erfolgreich möglich, damit sie dort nicht gegen das Regime und »für Gott« auf die Soldaten einwirken konnten, wie das Beispiel Delp zeigt.

»Stimmen der Zeit«

1865 wurde eine Monatszeitschrift der Jesuiten gegründet, die sich nach ihrem Redaktionsstandort »Stimmen aus Maria Laach« nannte. Nach der Aufhebung 1914 des während des Kulturkampfes am 4. Juli 1872 erlassenen Bismarckschen Jesuitengesetzes, aufgrund dessen die Jesuiten aus dem Deutschen Reich vertrieben worden waren, wurde die Redaktion nach München in die Veterinärstraße, in unmittelbarer Nähe der Universität, verlegt und die Zeitschrift umbenannt in »Stimmen der Zeit«. Zielsetzung der Zeitschrift war es, in wissenschaftlicher Breite die Fragen der Zeit aufzugreifen, die dem Adressatenkreis der katholischen Akademiker begegneten. Die Zeitschrift lieferte präzise Informationen, bot ein Forum für Diskussionen, und bot den Platz teils heftiger weltanschaulicher Auseinandersetzungen.

Im Juli 1939 trat Alfred Delp auf Anordnung seines Provinzials in die Redaktion der »Stimmen der Zeit« ein und wohnte im Ordenshaus in der Veterinärstraße 9 in München. Bei der Mitarbeit an der Jesuitenzeitschrift behandelte er soziale und soziologische Probleme in seinen Beiträgen: die soziale Frage des modernen Menschen überhaupt, die speziellen Fragen einer nationalsozialistischen Weltanschauung, das grundsätzliche Verhältnis zwischen Natur und Übernatur. Die Themen waren: »Die Philosophie des heroischen Vorbildes« (1936/37), »Ferdinand Ebner, ein Denker des christlichen Lebens« (1937), »Christ und Gegenwart« (1939), »Der kranke

Alfred Delp während der Münchner Jahre als Redakteur bei den »Stimmen der Zeit«, um 1940

Held – Zur Biographie des Obersten T. E. Lawrence« (1939), »Über den Tod« (1940), »Der Krieg als geistige Leistung« (1940), »Heimat« (1940), »Das Volk als Ordnungswirklichkeit« (1940) und »Weltgeschichte und Heilsgeschichte« (1941). Delp ging es immer um die Lage der Menschen im Dritten Reich.

Diese Themen wurden teilweise auf Druck der nationalsozialistischen Reichsschrifttumskammer behandelt, denn die

Zeitschrift musste ihre Berechtigung, Druckpapier beziehen zu dürfen, durch national wichtige Beiträge unter Beweis stellen. Für Delp eine schwierige Aufgabe, einerseits die gewünschten Themen zu nationalsozialistischer Zufriedenheit zu behandeln und andererseits zwischen den Zeilen auch kritische Anmerkungen einzubringen.

In »Christ und Gegenwart« verdeutlichte Delp den Christen ihre derzeitige Lebenssituation und gab ihnen Hinweise für die Meisterung ihrer Lage. Seiner Auffassung nach stehen die Menschen innerhalb der Gegenwart in einer bestimmten Ordnung, deren Anfang und Ziel Gott ist. In dieser Ordnung ist die Aufgabe der Christen, allen Menschen den Sinn des menschlichen Lebens im heilbringenden Gott zu zeigen. Darin zeigt sich die Heimat des Menschen. Heimat bedeutet Begegnung mit Gott. Den Tod bezeichnet Delp ebenfalls als Teil des menschlichen Lebens und damit der göttlichen Ordnung. *Das Ende liegt als Möglichkeit in aller Kreatur, und es ist das Gesetz aller irdischen Wirklichkeit. Das Sterben ist ein natürliches Ereignis unseres Lebens, wie der Anfang und die Freude und Gott und so vieles andere.*

Neben seiner Redaktionstätigkeit bei den »Stimmen der Zeit« war Delp in München engagiert bei Einkehrtagen für Jugendliche, bei Kursen für die »Missio canonica« und bei Abendveranstaltungen in der ökumenischen Gruppe »Una sancta«. Mit seinen Ideen und seiner sprühenden Heiterkeit versuchte er die Ängste jener zu überwinden, denen das Dritte Reich Sorgen bereitete. Und er war bei Vorträgen und seelsorglichen Aufgaben innerhalb ganz Deutschlands engagiert und strahlte dabei Zuversicht und christlichen Optimismus aus.

Das Leben Delps findet seinen Höhepunkt in München. In dieser Stadt hat er von 1939–1944 die entscheidenden Jahre seines Lebens verbracht. Diese Stadt war ihm zu einer zweiten Heimat geworden.

Ferien in Wolferkam

Der kleine Weiler Wolferkam bei Riedering am Simssee, nordöstlich von Rosenheim, wurde ab Sommer 1941 für Delp ein Ort der Zuflucht und der Erholung. Er fand bei den Bauernfamilien herzliche Aufnahme. In diesen Stunden zeigte sich Delp als lebensfroher Mensch und Priester. – Eine Insel der Glücklichen nannte Delp das kleine Wolferkam oberhalb des Simssees. Von hier aus ging er nach Neukirchen zu Gottesdienst und Predigt, aber auch zu mancher Segelpartie zum Simssee hinunter oder aber auch in die nahen Berge.

Seine Texte aus dieser Zeit legen offen, dass es ihm gelang, Gott in allen Dingen zu finden, auch und gerade in der Herrlichkeit der Schöpfung. Dass die Wolferkamer zu wahrhaften Freunden geworden waren, erwies sich dann, als es darum ging, gefährliche Arbeitspapiere für den »Kreisauer Kreis« zu verstecken. Die Bauern fühlten sich durch Delps Vertrauen hoch geehrt. Die kleinen Briefe aus der Haftanstalt Berlin-Tegel bezeugen später bleibend, wie sehr die Menschen Delp ans Herz gewachsen waren.

Alfred Delp beim Segeln auf dem Simssee im Boot eines Freundes, Sommer 1941

Delp schrieb einmal: *Wolferkam kommt mir immer noch vor wie eine Insel der Glücklichen.* Und im Sommer 1943 zeichnete er auf: *... Es ist herrlich jetzt, dieser reifende Hochsommer. Vom Feld her rauschen die Sensen und Sicheln ihr betörendes Lied. Ich hab das so gern, die reifen Felder und dann* *die Ernte selbst. Irgendwie ja der Sinn unseres Lebens: reif werden und geschnitten werden, eingebracht in die Scheunen. Die Welt ist voll der Güte und der Schönheit und es ist doch die Güte und Schönheit Gottes, die ihr alles gibt.*

Am 26. August 1943 schrieb er an seine Wolferkamer Freunde: *... nun bin ich schon wieder eine Ewigkeit in der Stadt, aber mein Herz und Gemüt hängt immer noch zum großen Teil an Wolferkam. Diesmal habe ich einen richtigen Ferienkater mitgebracht, und wenn es nicht immer da, wo die Pflicht ist, am richtigsten wäre und damit auch am schönsten, wäre ich gleich wiedergekommen ... Wie geht es Euch Zweien denn? Viel Arbeit natürlich ... Aber macht's ein bisschen mit der Ruhe Gottes. Gott lässt sich auch Zeit mit uns, sonst wärs weit gefehlt mit uns ... In der aufgeregten und schreienden Stadt will ich versuchen, in der Ruhe und Güte Gottes zu bleiben. Da sind die bösen Dinge halb so schlimm und die guten Dinge doppelt so schön ... Und betet's a bißl für mi armen Hascher, damit i was taug. Herzliche Grüße, die dankbare Hausplage.*

Und aus seinem Urlaubstagebuch: *Ich war in den Bergen und hab mich in die Welt des Herrgotts verkuschelt. Es war schön und ich werde bald wieder gehen. Es war wirklich schön. Viele Bilder werden bleiben. Auf der Spitze. Um uns die aufgeblätterte Welt Gottes und der Menschen. Da fiel mir wie ein Auftrag mein ursprünglicher Auftrag zu segnen und zu heilen, immer segnen und heilen, ein. Ich hab einen großen Segen gebetet und dann allem Land und allem Volk einen Segen Gottes gegeben.*

Und jetzt genieße ich wieder. Gleich wieder am See, der abends so milde und farbig ist. So in der Sonne schwimmen und nachher im Segelboot so frei und still und nur den Elementen verpflichtet dahinschweben, ach es ist dann so viel vergessen und vorbei und das Herz atmet wieder. Gott ist gut und seine Welt ist schön ...

»Männerseelsorge«

Seit Ende 1940 arbeitete Delp intensiv mit der »Hauptstelle für Männerseelsorge und Männerarbeit« in Fulda zusammen. Mit den Verantwortlichen für die katholische Männerseelsorge entwarf er die großen Herbsttagungen. Seinen Einfluss lassen schon die Themen erkennen: »Vertrauen in die Kirche« (1941) und »Das gegenwärtige Weltverständnis und die christliche Haltung gegenüber der Welt« (1942). Er schrieb Gutachten über die »Bedeutung des Gebrauchs der Genussmittel« und über die »Bedeutung der heimkehrenden Soldaten«, die ein Zeugnis seiner Sensibilität für die Nöte des Menschen in einer Krisenzeit wie dieser war. Delp forderte immer wieder auf, die allgemeine, philosophisch-reflektierende Situation zu beachten, in die hinein die Botschaft Christi zu sagen sei. Und immer ging es Delp um den Menschen, der in seinen Augen nie Mensch für sich allein ist, sondern das Wesen, das sich nur in größeren Zusammenhängen vollziehen kann, das eingefügt ist in die Ordnungen der Geschichte. Delp wusste aber auch, dass es nicht um Theorien geht, sondern um das Handeln, dass religiöse Lösungen nicht die alleinigen Lösungen sind: *Es wird kein Mensch an die Botschaft vom Heil und vom Heiland glauben, wenn wir nicht alles tun für die Heilung des gegenwärtigen Lebens und Menschen. Es wird uns nicht erlaubt, als Priester und Levit an den verwundeten Menschen vorbeizugehen ins Heiligtum und zu warten, bis der fremde Samaritan kommt.*

Kirche St. Georg München-Bogenhausen

Während des so genannten »Klostersturms« am 18. April 1941 wurde überraschend auch das Haus der »Stimmen der Zeit« durch die Gestapo enteignet, die Jesuiten dort vertrieben. Als Grund für diese Maßnahme nannte man einen regimekritischen Beitrag in der Zeitschrift aus dem Jahr 1935. Dieser Beitrag kritisierte die nicht mehr zu übersehende Gewalt im nationalsozialistischen Staat.

Da die Zeitschrift kurz darauf verboten wurde, musste Alfred Delp ein neues Arbeitsfeld finden: er kam im Juni nach München-Bogenhausen und wurde mit Urkunde vom 16. Juli 1941 von Kardinal Faulhaber zum Kirchenrektor der kleinen St. Georgskirche in der Pfarrei Heilig Blut ernannt. Es legte ihm keine großen seelsorgerlichen Pflichten auf, außer der sonntäglichen Predigt und den Aushilfen in der Pfarrkirche Heilig Blut. Die pastorale Verantwortung für die Gesamtpfarrei hatte seit 1935 Pfarrer Max Blumschein (1884–1965), der am 1. Dezember 1942 Dr. Hermann Josef Wehrle (1899–1945) als Kaplan erhielt. Alfred Delp, der lebensfrohe Pater, band bald viele Menschen an die Gemeinde. Er wurde schnell zu einem weit über die Grenzen seiner Heimatgemeinde hinaus bekannten und beliebten Seelsorger. Vor allem die Jugendarbeit war ihm ein großes Anliegen. Da Delp durch seinen Kontakt zum ND schon vor 1941 immer wieder nach Bogenhausen gekommen war, lag es nahe, dass er nun die drei Jugendgruppen, die sich regelmäßig in einem Familienhaus im Geheimen zur religiösen Weiterbildung trafen, betreute.

Je mehr der totale Krieg in den Bombennächten sich ausbreitete, um so mehr fand sich Delp in seinem Element. Seine aufrüttelnden, regimekritischen sonntäglichen Predigten, die regelmäßig von der Gestapo bespitzelt wurden, fanden großen Zulauf. Er verstand es, aktuelle Probleme nie direkt aber trotzdem geschickt anzusprechen, ohne dabei in Schwierigkeiten zu geraten. Bei aller gebotenen Vorsicht ließ er nie Zweifel an dem unversöhnlichen Gegensatz zwischen Christentum und Nationalsozialismus aufkommen. Seine Predigten wurden zu einem Geheimtipp für kritische Katholiken. Sie wurden oft mitgeschrieben, vervielfältigt und dann unter der Hand in ganz München weiter verbreitet, vor allem seiner klaren Aussagen zu Staat und Gesellschaft wegen. Die großen und immer wiederkehrenden Predigtthemen waren: »Der Mensch in seinen Grenzerfahrungen und Nöten«, »Der Herrgott in seinem absoluten Anspruch«, »Kirche – als Zeichen des Heiles«, »Orientierungslosigkeit«, »Soziale Not«. Ausgehend von den liturgischen Texten oder vom Wort der Schrift behandelte Delp die verschiedenen Fragen der Menschen und bemühte sich, seine Zuhörer zu sozialem Engagement zu motivieren. – Als im Herbst 1941 der Film »Ich klage an« in den Kinos lief und für die *Euthanasie an lebensunwertem Leben* Propaganda machte, predigte Delp an Allerheiligen 1941 über den Wert des Lebens und über den wahrhaft glücklichen Menschen. Er kritisierte die Gemeinschaft, die den Menschen dem Tod ausliefere und sagte: *Die Gemeinschaft hat sich selber gründlich missverstanden, die dann den Menschen abschiebt und abschieben darf und will und möchte, wenn er nicht mehr als gleich schönes oder gleich nützliches Glied herumläuft. Selbst wenn sämtliche Organe des Menschen eingeschlummert sind und er nicht mehr als Mensch sich äußern kann, er bleibt doch Mensch und er bleibt der dauernde Appell an den inneren Adel, an die innere Liebesfähigkeit und an die Opferkraft derer, die um ihn herum leben. Nehmt den Menschen die Fähigkeit, ihre Kranken pflegen und heilen zu können, ihr macht aus den Menschen ein Raubtier, ein egoistisches Raubtier, das wirklich nur noch sein schönes Dasein kennt.*

Daneben hielt Delp auch regelmäßig Vorträge, nicht nur in verschiedenen Münchner Pfarreien, sondern auch in vielen Städten Deutschlands, vor allem zum Thema, das ihn sehr beschäftigte: »Der Mensch und die Geschichte«. 1943 wies er in einem Referat in Fulda darauf hin, *dass der Kampf um die Freiheit und Geistigkeit des Menschen, der Kampf um eine echte, saubere Kultur nicht nur Möglichkeiten der Kirche sind, sondern grundlegende Rechte und Pflichten. Die Kirche hat in diesen Tagen die ungeheure Chance, sich dem Gedächtnis der Kreatur unverlierbar einzuprägen, wenn und weil sie die mutige Verteidigung der bedrohten Kreatur war, und es wäre falsch, dies zu sehen unter dem Gesichtspunkt der zukünftigen taktischen Vorteile.* Delp nahm an Tagungen und Konferenzen teil. Er vertiefte seine Studien weiter. Er arbeitete an seinen Schriften und verwirklichte Buchpläne: »Der Mensch und die Geschichte« (1943), »Der Mensch vor sich selbst« (1943, erschienen 1955), »Die dritte Idee« (1944, Manuskript verloren).

Die Tage Delps waren mit der seelischen und materiellen Hilfe für die Mitmenschen ausgefüllt: Er engagierte sich in Gruppenstunden unter den Jugendlichen von Bogenhausen. Er stand den Bombengeschädigten bei, sobald die Angriffe der alliierten Luftflotte auf München einsetzten: Jedes Mal nach der Entwarnung begab er sich im Arbeitsanzug zu den zerstörten Häusern, suchte unter den Trümmern nach Verschütteten, half bei Aufräumarbeiten und bei der Reparatur von Schäden. Die anwesende Feuerwehr oder Polizei kommandierte er dabei herum, was ihm eine Verwarnung von der NSDAP einbrachte, denn als »Schwarzer« habe er hier nichts zu befehligen.

Er setzte sich ab 1941 für verfolgte Juden ein und war für die Flüchtlinge *eine Adresse* – wer war dies damals schon. Sie wurden von Delp versteckt. Er besorgte ihnen Quartier, Lebensmittel, Medikamente und Bekleidung und organisierte die weitere Flucht auf Schleichwegen in die rettende Schweiz. Diese Organisationen waren streng geheim, jeder der jeweiligen »Helfer« kannte nur das nächste Ziel. So sollte verhindert werden, dass im Fall der Aufdeckung eines Helfers durch die Gestapo die gesamte Organisation enttarnt wurde. – Mit seiner Mitarbeit im »Kreisauer Kreis« 1942 beendete Delp seine Helferarbeit mit der Begründung, er wolle nicht viele andere gefährden.

Als am 23. April 1941 auf Erlass des Unterrichtsministeriums verfügt wurde, dass *die Kruzifixe in der Schule am falschen Platz sind und dass solcher Wandschmuck allmählich entfernt und durch zeitgemäße Bilder ersetzt wird,* unterstütze Delp die so genannte »Kreuzaktion« und versuchte die Mütter in ihrem Mut zu stärken, die Kreuze wieder aufzuhängen: In zwei Münchner Schulen, der Gebele-Schule in Bogenhausen und im Wilhelmsgymnasium, hängten Mütter und Schüler am 25. September 1941 jene Kreuze wieder in den Klassenzimmern auf, die von den Nationalsozialisten dort wenige Tage zuvor entfernt worden waren. Delp hatte die neuen Kreuze zuvor gesegnet und am Morgen des 25. Septembers nochmals zur »Kreuzaktion« ermutigt.

Mit Bogenhausen hatte für Delp ein neuer Lebensabschnitt begonnen, der Neuland für ihn war. Zum einen war er nun nach einem Leben in mitbrüderlicher Gemeinschaft auf sich selbst angewiesen und musste zu einem Lebensstil im eigenen Haus finden. Zum anderen hatte er andere Aufgaben als bisher. Doch er war gerne in Bogenhausen. Sogar in der Notsituation des Gefängnisses Berlin-Tegel dachte er noch mit Freude an diese Zeit und schrieb im Rückblick an Pfarrer Max Blumschein von Heilig Blut: *Meisterprüfung konnte ich dort nicht mehr machen, die muss ich hier machen.*

In Bogenhausen hatte sich auch ein Gesprächskreis um Delp gebildet, zu dem auch Prof. Dr. Adolf Weber, Professor für Nationalökonomie zählte. Bevorzugtes Thema war »Der Mensch und seine Lage im Nationalsozialismus«. – Den Freunden von Bogenhausen widmete Delp auch sein 1943 in Colmar erschienenes Buch »Der Mensch und die Geschichte«. In diesem Buch vertritt er die These, dass menschliche Geschichte, weil Geschichte aus verhängnisvoller Freiheit, trotz aller Dunkelheiten und Rätsel und Geheimnisse immer Abbild einer jenseitigen Ordnung sei, Darstellung der Herrlichkeit Gottes. Aus diesem Geschichtsverständnis heraus sah er sich dann letztlich auch aufgerufen, etwas zu tun, um nicht das billige *Opfer der Geschichte zu werden.* – Über die dunkle Frage aller Menschen schreibt er: *Dunkler als das Unglück färbt das Unheil, das Unrecht, die Meintat, die Gewalttat das Bild der Geschichte. Auf ihren Wassern fahren die Schiffe mit den schwarzen Segeln, Piratenschiffe, Freibeuter des Lebens; und ihre Segel sind geschwellt von günstigen Winden, und ihre Lagerräume sind gefüllt, und ruhig und sicher fahren sie von Untat zu Untat. Der fließende Strom verschlingt sie nicht, er trägt und trägt sie, sie umfahren alle seine Klippen und überwinden alle seine Katarakte. Die Schiffe mit den schwarzen Segeln, die Schiffe der Gewalt und des Unrechts, die Schiffe mit den roten Segeln, die Schiffe der Bluttat und des Todes, die Schiffe mit den grauen Segeln, die Schiffe der Not und der Sorge und der Verzweiflung, sie fahren und fahren.* Jeder, der diese Zeilen las, wusste, wer gemeint war. Delp gab aber auch Antwort, warum denn das Böse so fruchtbar in der Geschichte sei. Nicht etwa, weil es geschichtsmächtiger, weil es geschichtswirklicher, sondern weil *das Gute so unfruchtbar ist, weil es Tradition als konservative Schläfrigkeit und Gewohnheit missversteht, weil es ethische Ordentlichkeit in biedermeierlicher Bravheit und Sorglosigkeit verharmlost, weil es die Bewährung des Lebens so oft nicht in den Raum des Lebens hinein verlegt, sondern daneben.* Und aus dem nächsten Satz leuchtet Delps eigene Entschlossenheit, offenbart sich sein eigenes Ideal: *Die Geschichte stellt die Bewährung des Menschen auf den weiten Blick, auf den hohen Mut, auf das große Wagnis und das blutvolle Opfer.*

Die Verhaftung ihres Kirchenrektors am 28. Juli 1944 kam überraschend für die Gläubigen, denn Delp hatte über seine Bekanntschaft zu den Männern des 20. Juli in der Pfarrei nie gesprochen. Gemeinsam mit seinem Provinzial Augustin Rösch SJ und seinem Ordensmitbruder Lothar König SJ gehörte Delp dem Münchner Zweig des »Kreisauer Kreises« an, in dem sich seit 1940 Männer und Frauen um Helmuth James Graf von Moltke trafen, um – mitten im Krieg – eine neue Ordnung für ein Deutschland nach dem für sie völlig klaren, unausweichlich bevorstehenden Untergang des Nationalsozialismus zu planen. Delp wurde sein christlich-sozialethisches Engagement zum Verhängnis. Doch er wollte sich nicht verstecken, denn er war sich keiner Schuld bewusst.

»Soziale Frage« und »Kreisauer Kreis«

»Soziale Frage«

Aufgrund seiner Herkunft war Delp die soziale Frage nicht unbekannt. Er stammte aus kleinen Verhältnissen und aus einer kinderreichen Familie. Auf diesem Hintergrund war verständlich, weshalb er zu einem sozialen Aufsteiger wurde und sich den Problemen dieser Schicht gegenüber immer verantwortlich fühlte.

Wenn er 1924 im Tagebuch der ND-Gruppe in Dieburg vom Einsatz seiner Gruppe berichtet, dass sie sich auf den Weg machen solle, um für Waisenkinder in Dieburg zu sammeln, um diese an Weihnachten beschenken zu können, dann ist diese Aktion nach den Grundsätzen einer caritativen Lösung entworfen. Dadurch wird die soziale Frage eigentlich nicht gelöst; es werden nur die Nöte und Lasten gemildert, vielleicht teilweise beseitigt.

Delp kommt dann in seinem Theaterstück »Der ewige Advent«, das er für seine Schüler an der Stella Matutina in Feldkirch verfasste, im Jahr 1933 wieder auf die soziale Frage zurück. In dem Vermittlungsversuch eines Arbeiterpriesters zwischen dem Werkdirektor und den streikenden Arbeitern, bei denen der Priester erschlagen wird, kommt dieser vorher zur Feststellung: *Es muss auch vieles außen geändert werden, aber zuerst innen. Sonst wird es außen nicht gut. Es ist außen nur schlecht geworden, weil es zuerst innen schlecht war.* Dies war eine ethische Lösung. Sie hofft durch die Veränderung der Herzen zu einer neuen sozialen Ordnung zu kommen. Obzwar der Zusammenhang zwischen Liebe und sozialer Tat nicht bestritten werden kann, muss wohl zur inneren Umkehr noch weiteres Organisatorisches hinzukommen, damit eine soziale Neuordnung gelingt.

Die dritte und richtige Lösung entwickelte Delp dann in den Jahren 1943–1944, wo er nicht nur erkannte, dass die eigentliche geschichtliche Aufgabe dieser Generation die Lösung der sozialen Frage ist, sondern er entwickelte den »personalen Sozialismus«.

»Die Dritte Idee«

Während seiner Zeit in den »Stimmen der Zeit« begann Delp seine Gespräche mit Professor Dr. Adolf Weber (1876–1961), der den Lehrstuhl für Nationalökonomie an der Ludwig-Maximilians-Universität München innehatte. Delp bezeichnete sich selbst als seinen *geheimen Schüler*. Delp war somit in den Sozialwissenschaften ein Autodidakt, aber er entwickelte ein großes Verständnis für die Lebenssituation der Arbeiter. Er machte sich auf die Suche nach Lösungen der sozialen Fragen jenseits von Kapitalismus und Marxismus: die »Dritte Idee«. – Die »Dritte Idee« des »personalen Sozialismus und theohumanen Humanismus« ist die Sozialethik, die Delp auf der Basis der katholischen Sozialethik für ein neues, demokratisches Nachkriegsdeutschland entwarf.

Das Manuskript, das Delp im Lauf des Jahres 1944 – auch im Gespräch mit den »Kreisauern« – verfasste, ist verloren gegangen. Fest steht nur, dass Delp am Tag vor seiner Verhaftung, also am 27. Juli 1944, ein Manuskript mit dem Titel »Die Dritte Idee« fertig vorliegen hatte. Vermutlich haben es Mitbrüder nach seiner Verhaftung – aus Sicherheitsgründen – vernichtet. Es war vermutlich wieder für den Alsatia-Verlag in Colmar bestimmt, wo auch sein Buch »Der Mensch und die Geschichte« 1941 erschienen war. Die Konzeption seiner neuen Sozialordnung, die er darin vorstellte, lag zwischen dem kapitalistischen und dem kommunistischen System und wollte einen personenbezogenen Sozialismus realisieren.

Obwohl das Manuskript verloren ist, lassen sich die Grundaussagen der »Dritten Idee« aufgrund vorliegender Aussagen Delps rekonstruieren. Er sagte bereits in einem Brief von 1935: *Zu einem gesunden und wesensmäßigen Menschen muss garantiert sein: ein Minimum von Individualität und ein Minimum an Sozialität. Es ist nun jede Spielart von »Sozialismus« möglich, die das lebensnotwendige Minimum von »Individualismus« möglich macht, die das lebensnotwendige Minimum von Sozialismus wahrt. Jede Übersteigerung der einen Komponente bis zum Negieren der Gegenkomponente ist von Übel.*

Eher inhaltlich sich einlassend führte er später aus: *Es ist auf eine Ordnung des äußeren, sozialen, wirtschaftlichen, technischen Lebens hinzuarbeiten, die dem Menschen ein relativ gesichertes Existenzminimum jeglicher Art (auch geistig, zeitlich, räumlich etc.) verbürgt. Das Maß des Zielbildes ist vom Menschen zu nehmen, das Ausmaß der jeweiligen Verwirklichung nach den sachlichen Möglichkeiten zu bemessen, die Durchführung ist bis zur Verwirklichung des personalen Sozialismus zu erzwingen.*

Schließlich formulierte er den engen Zusammenhang zwischen sozialen Lebensumständen und humaner Verwirklichung sowohl in seinen Kassibern aus der Haftanstalt in Berlin-Tegel wie in seiner Verteidigungsrede vor Roland Freisler, dem Präsidenten des Volksgerichtshofes. Er sagte dort: *Ich kann predigen, soviel ich will, und Menschen geschickt oder ungeschickt behandeln oder wiederaufrichten, solange ich will. Solange der Mensch menschenunwürdig und unmenschlich leben muss, so lange wird der Durchschnitt den Verhältnissen erliegen und weder beten noch denken. Es braucht die gründliche Veränderung der Zustände des Lebens.* Als Freisler ihn daraufhin fragte, ob er damit meine, dieser nationalsozialistische Staat müsse geändert werden, antwortete Delp überzeugt: Ja. Er hatte sich um seinen Kopf geredet. In seiner Aussage war aber eindeutig klar geworden: die Lösung der sozialen Frage ist eine sozial-politische Aufgabe, genau so wie es in den päpstlichen Sozialenzykliken 1891 beziehungsweise 1931 gefordert worden war.

Gerade die »Soziale Frage« war es, die Delp in den »Kreisauer Kreis« geführt hatte.

»Kreisauer Kreis«

Der entscheidende Mann im Widerstand der katholischen Kirche gegen den Nationalsozialismus war – zumindest ab 1941 – Augustin Rösch SJ (1893–1961), seit 1935 Provinzial der Oberdeutschen Jesuitenprovinz. Von München aus organisierte er die Strategie der Ordensleute, als es darum ging, auf den von Martin Bormann inszenierten »Klostersturm« einheitlich zu reagieren. Wenn ein Jesuit von der Gestapo bedrängt, verhört oder verhaftet wurde, suchte er sofort die Zentrale der Gestapo auf und erhob – er war im Ersten Weltkrieg Offizier gewesen – entschieden Einspruch.

Als 1940/41die Nationalsozialisten in Gewaltaktionen innerhalb weniger Monate über 100 Klöster und Ordenhäuser in Deutschland auflösten und beschlagnahmten – darunter viele Häuser der Jesuiten –, war vor allem Provinzial Rösch nicht bereit, dieses Unrecht ohne Protest und ohne Reaktion hinzunehmen. So wurde er zu einem drängenden Motor der deutschen Bischöfe und darin zugleich zu einem entscheidenden Gegner der Nazis. Er wollte sowohl die Orden als auch die Bischöfe mobilmachen und leitete die »Zentrale« der Kommunikation und Information in München. Auf Betreiben von Provinzial Rösch und Pater Odilo Braun OP (1899–1981) taten sich mit ihnen zwei weitere Ordensleute – Laurentius Siemer OP (1888–1956), Provinzial der Dominikaner in der deutschen Provinz, und Lothar König SJ – und ein Laie – Dr. Georg Angermaier (1913–1945), Justitiar der Würzburger Diözese – zur Beratung der Deutschen Bischofskonferenz zusammen und setzten durch, dass die Fuldaer Bischofskonferenz einen »Ausschuss für Ordensangelegenheiten« gründete zur Wahrnehmung der Interessen der Orden. Mit diesem Gremium, das aus den Bischöfen von Freiburg, Osnabrück, Berlin und Fulda bestand, besprachen diese fünf Männer seit Sommer 1941 ihr Vorgehen und leisteten im geheimen Kampf gegen die nationalsozialistische Kirchenpolitik Ungeheures. In Abstimmung untereinander wurden Texte verfasst und miteinander Reisen unternommen. Allen Enttäuschungen und allem Widerstand zum Trotz suchten sie nicht nur die Orden, sondern die Kirche, endlich aber den Menschen in seinem Recht und seiner Freiheit vor Schaden zu bewahren. Rösch war in diesem Kreis der Motor, er strebte eine härtere Gangart im Umgang mit den Nazis an. Immer wieder versuchte er, seine Mitarbeiter und das deutsche Episkopat auf die Durchsetzung der gemeinsamen Ziele hin in Bewegung zu bringen.

Rösch war auch der erste Kontaktmann zum »Kreisauer Kreis«, zu jener Widerstandsgruppe, die sich um den Grafen Helmuth James von Moltke gebildet hatte. Anfang Oktober 1941 begegneten sich beide in Berlin. Gleich zu Beginn ergab sich eine schicksalhafte Übereinstimmung in der Beurteilung der militärischen Lage wie in der Konzeption der Abwehr und Erneuerung. Rösch sagte damals seine Mitarbeit in der Widerstandsgruppe zu. – Damit beginnt die vierte Station im Leben Delps.

Rösch nahm vom 22.–25. Mai 1942 am ersten Treffen in Kreisau teil, bei dem die Fragen nach dem Verhältnis von Staat und Kirche in einem neuen Deutschland nach dem Ende des Dritten Reiches besprochen wurden. Rösch traf Moltke fortan regelmäßig. Als Moltke einen Soziologen suchte, der einerseits philosophisch interessiert sei und mit dem er andererseits die Arbeiterfragen und die Frage der Wiederverchristlichung der deutschen Arbeiterschaft und die Strukturen einer sozialgerechten Gesellschaft besprechen könnte, fragte Rösch Delp, *ob er dazu Lust habe. Der Pater war über diese Möglichkeit bei seiner bekannt-lebendigen und tiefen Liebe zu aller sozialen Arbeit sehr erfreut,* schreibt Rösch in seinem Bericht. Delp sagte aber auch zu, weil er die Gefahr genau realisierte. In den entscheidenden Tagen sagte er zu einem Freund: *Wer nicht den Mut hat, Geschichte zu machen, wird ihr armes Objekt. Lasst uns tun.*

Delp und Lothar König SJ (1906–1946) waren Freunde. Rösch führte beide in den »Kreisauer Kreis« ein. Rösch war als der entscheidende Mittelsmann zwischen den »Kreisauern« und den deutschen Bischöfen tätig. Für die gedankliche Mitarbeit hatte er Delp, für die taktischen Planungen und für die geheimen Kurierdienste König gewonnen. Hans von Galli SJ (1903–1987), damals Verwalter am Jesuitenkolleg Stella Matutina in Feldkirch, hatte Rösch die Rolle eines Beraters in Agrarfragen zugedacht. Galli nahm wohl auch an der ersten Besprechung vom 13.–16. März 1942 in Groß-Behnitz in der Nähe von Berlin, auf dem Gut Ernst von Borsigs, teil, erkannte aber bald, dass da ein Fachmann erforderlich sei, und blieb den weiteren Beratungen fern. Rösch selbst war und wollte der verantwortliche Mann in der ganzen Sache bleiben.

Delp, der schon immer in seinen Predigten und Artikeln versucht hatte, die Menschen auf die christentumsfeindlichen Tendenzen in der nationalsozialistischen Weltanschauung aufmerksam zu machen, sollte in den sozialen Fragen und beim Entwurf einer neuen Sozial- und Gesellschaftsordnung beraten. König, Professor für Kosmologie am Berchmanskolleg in Pullach, nahm gleichsam die Stelle eines politischen Beraters von Rösch ein. Er arbeitete neben Rösch im so genannten »Ausschuss für Ordensangelegenheiten« bei der deutschen Bischofskonferenz mit, bei jenem geheimen Unternehmen, das die deutschen Bischöfe auf einen Konfrontationskurs mit der nationalsozialistischen Regierung bringen wollte.

Im »Kreisauer Kreis« fiel König neben der Mitverfassung der Texte die Rolle eines Kuriers an den Aktionen zu, wenn Texte im Geheimen überbracht und Treffen vereinbart werden mussten. Unerschrocken war er unermüdlich bei Tag und Nacht mit Nachrichten und Informationen in Deutschland unterwegs, immer in Gefahr, von der Gestapo ergriffen zu werden. Dass er trotz seiner abenteuerlichen Reisen – er vermerkte am Ende des Jahres 1941 in seinem Tagebuch: *Fahrkilometer Januar bis 4. 12. 77.000 km* – noch die Zeit fand, an den Textentwürfen zu arbeiten, beweist nur seine tiefe Verbundenheit mit den Sachfragen und mit dem Widerstand.

Der Widerstandskreis um Helmuth James Graf von Moltke (1907–1945), der im August 1944 von der Gestapo »Kreisauer Kreis« genannt wurde, empfing seinen Namen vom Gut des Grafen von Moltke in Niederschlesien bei Schweidnitz. Dort traf sich Moltke ab 1940 mit Gleichgesinnten, um über die Gestaltung eines neuen Deutschlands nach dem Ende des Krieges und des Nationalsozialismus nachzudenken.

Drei große Tagungen fanden in Kreisau statt: das erste Treffen vom 22.–25. Mai 1942, an dem Rösch teilnahm und bei dem vor allem Probleme um Staat und Kirche geklärt wurden. Die »Ergebnisse der Besprechungen«, die Moltke am 27. März 1942 unterzeichnete, enthalten Festlegungen 1. zu Kirche und Staat, 2. Schule. In diesen Texten werden im Christentum *wertvollste Kräfte für die religiös-sittliche Erneuerung des Volkes, für die Überwindung von Hass und Lüge, für den Neuaufbau des Abendlandes, für das friedliche Zusammenleben der Völker* gesehen. Es werden die ökumenischen Absichten der Kirchen begrüßt und Glaubens- und Gewissensfreiheit des Einzelnen wie die öffentliche Ausübung der Religion gewährleistet. Themen wie »Erziehungsrecht der Eltern«, »Sonntagsheiligung«, »Autonomie der Kirchen« werden festgeschrieben. Die staatliche Schule, der vor allem hohe sittliche Ziele vorgesetzt werden, wird als christliche Schule mit Religionsunterricht beider Konfessionen als Pflichtfach definiert, also nicht als Konfessionsschule geplant. In diese Abschlusserklärung gingen auch die Überlegungen Röschs ein. – Rösch hatte dann noch von seinen Erfahrungen mit der Gestapo berichtet und Ratschläge erteilt, wie man sich bei etwaigen Befragungen durch die Gestapo verhalten solle. Hier kamen seine Erfahrungen zum Tragen, die er bei vielen Verhandlungen mit Stellen der Partei und der Gestapo gewonnen hatte.

Beim zweiten Treffen vom 16.–18. Oktober 1942 beriet Delp in Fragen der Sozial- und Gesellschaftsordnung mit. Die Jesuiten, vor allem Delp, brachten die Impulse der päpstlichen Sozialenzykliken »Rerum novarum« (Leo XIII., 5. Mai 1891) und »Quadragesimo anno« (Pius XI., 15. Mai 1931) in die Gespräche ein – mit den Forderungen nach der sozialen Gerechtigkeit, nach der Sozialpflichtigkeit des Eigentums, nach einem Familienlohn, nach Mitbestimmung der Arbeiterschaft. Delp stieß zuerst auf Überraschung und Verwunderung bei seinen Gesprächspartnern – zumal denen im »Kreisauer Kreis«. Sie zweifelten seine Aussagen an, sodass Delp ein Gespräch zwischen Moltke und Bischof Johannes B. Dietz (1879–1959) in Fulda arrangieren musste. Dieser bestätigte hierin den »Kreisauern«, dass Delp in der Tat die Lehre der katholischen Kirche in sozialen Fragen vortrage.

Beim dritten Treffen vom 12.–14. Juni 1943, dem die Themen »Außenpolitik«, »Wirtschaftsaufbau« und »Bestrafung der Kriegsverbrecher« zugrunde lagen, brachte Delp seine Ideen ein, als es um die so genannten »Landverweser« und die Bestrafung der Rechtsbrecher ging. Ein großer Teil der Tagung war der Wiederherstellung des Rechts gewidmet. Delp setzte sich ein für die Sozialpflichtigkeit des Eigentums, für den Familienlohn, für die Mitbestimmung, für Eigentum in Arbeiterhand, für die teilweise Sozialisierung von Grundstoffindustrien. Er zeigte dabei, dass er die konkrete soziale und politische Situation gut kannte, und dass er – sensibel für den Menschen in seiner sozialen Not – auch Wege aus Unfreiheit, Angst, Unsicherheit und Entfremdung wusste.

Die Beratungen dieser zwanzig Männer aus allen Schichten und Konfessionen wurden am Ende in »Grundsatzerklärungen« zusammengefasst. Diese Programme sollten die Grundlagen eines anderen Deutschland werden, das auf den beiden Säulen Kirchen und Arbeiterschaft ruhte. In den »Grundssatzerklärungen« wurden sowohl die Gestalt des Staates wie der Gesellschaft und der Wirtschaft nach dem Ende des Dritten Reiches entworfen. Den »Kreisauern« ging es um eine in der Tat soziale Gesellschaft. Leider konnten sie sich in ihren Vorstellungen einer parlamentarischen Demokratie nicht von ihren schlechten Erfahrungen mit der Weimarer Republik lösen. In diesen Entwürfen sind sie nicht demokratisch genug. – Die Besprechungen fanden im Übrigen nicht im Schloss, sondern im nahe gelegenen Berghaus statt. Diese Treffen des Widerstandskreises wurden von der Gestapo erst nach dem 20. Juli 1944 während der strengen Verhöre entdeckt. Die Entwürfe des »Kreisauer Kreises« wurden noch während des Krieges immer wieder versteckt, so dass die Texte auf diese Weise die nationalsozialistische Herrschaft überstanden haben.

In Berlin, wo Moltke als Berater für Kriegsrecht im Oberkommando der Wehrmacht tätig war, wurden Kontakte zu hohen Beamten und Militärs geknüpft, um auf diese Weise an authentische Informationen über die politische Situation des Dritten Reiches heranzukommen. Der zentrale Gesprächspartner war Moltke. Er trieb als erklärter Gegner des Nationalsozialismus die programmatische Arbeit unentwegt voran in der Hoffnung, auf diese Weise die entscheidenden Säulen in der kommenden Gesellschaft miteinander zu verbinden: die beiden Kirchen und die (sozialdemokratischen) Arbeiterführer.

Das Engagement der Jesuiten bestand auch darin, Kontakte zu deutschen Bischöfen und zu anderen Widerstandskreisen herzustellen. Die Kontakte zu den Bischöfen waren für die »Kreisauer« wichtig, da sie bei ihren Bischöfen die kritische Einstellung dem Regime gegenüber vertiefen wollten. Die Kontakte zu den anderen Kreisen trugen dazu bei, das Anliegen des »Kreisauer Kreises« auf eine breitere Basis zu stellen. Eine Zusammenfassung dieser Aktivitäten gab der Bericht des Chefs des Reichssicherheitshauptamtes, Ernst Kaltenbrunner (1909–1946), vom 18. September 1944 an Reichsleiter Martin Bormann (1900-1945): *Stärker noch als die Gruppe um Stauffenberg und Goerdeler hat die Kreisauer Gruppe um Moltke die kirchlichen Verbindungen gepflegt. Moltke selbst, der evangelisch war, hatte auf katholischer Seite Verbindungen aufgenommen mit Erzbischof [Adolf] Bertram, [Michael] Faulhaber, [Konrad von] Preysing, dem Bischof von Fulda und dem Fürstbischof von Salzburg. Die Jesuitenpatres Rösch, Delp und König gehörten zu den aktivsten Teilnehmern an allen Besprechungen und Planungen dieser Gruppe.*

Die Gespräche des »Kreisauer« und des eher konservativ ausgerichteten »Sperr-Kreises« gingen über die Gliederung eines neugeordneten Deutschlands und über die »Landverweser«, also die Männer, die den einzelnen Landesteilen in einem befreiten Deutschland vorstehen sollten. Auch das Problem um ein Attentat auf Adolf Hitler wurde besprochen. Diese Gespräche wurden in den Jahren 1942–1944 im Pfarrhaus in St. Georg in München-Bogenhausen abgehalten, in dem Delp seit dem Frühjahr 1941 wohnte. Die Gespräche zwischen Moltke und den Jesuiten – Provinzial Rösch und den Patres Delp und König – fanden in München im (damaligen) Provinzialat der Jesuiten statt in der Kaulbachstraße 31a (heute Berchmanskolleg), später im Pfarrhaus von St. Georg (der Wohnung Delps) und in der Jesuitenkirche St. Michael (in der Pestkapelle, die sich hoch über der Kreuzkapelle befindet). In letzterer fanden vor allem die Treffen zwischen den »Kreisauern« und dem »Sperr-Kreis« statt, die von den Jesuiten organisiert wurden.

Die Männer um den Chef des Generalstabs beim Befehlshaber des Ersatzheeres, Oberst Claus Schenk Graf von Stauffenberg (1907–1945), die überzeugt waren von einer zu erwartenden Niederlage, hatten als aktive Widerständler zur Rettung des Vaterlandes über ein Attentat zusammengefunden. Ihnen standen beratend die Widerstandskreise um Carl Friedrich Goerdeler (1884–1945), um den Gesandten a. D. Franz Sperr (1878–1945) oder um Helmuth James Graf von Moltke zur Verfügung, die eine neue Ordnung nach dem erhofften Zusammenbruch planten und hierüber diskutierten. Der »Sperr-Kreis«, zu dessen Hauptmitgliedern neben Franz Sperr, noch der Rechtsanwalt Dr. Franz Reisert (1889–1965) und der Gutsbesitzer Josef Ernst Fürst Fugger von Glött (1895–1981) zählten, trat 1943 über Delp mit dem »Kreisauer Kreis« in Verbindung.

Treffen von Stellanern in München-Nymphenburg Anfang Oktober 1943: Franz von Tattenbach SJ (2. von links), in der Mitte Dr. Karl Schneider, einstiger Lehrerkollege Delps an der Stella Matutina in Feldkirch, rechts Alfred Delp

Der »Kreisauer Kreis« war 1941 entstanden. Als alle Bereiche des öffentlichen Lebens gleichgeschaltet waren, die Bevölkerung durch Bespitzelung, Einschüchterung und blanken Terror weithin gefügig gehalten wurde, und es weithin den Anschein hatte, das deutsche Volk habe sich mit seiner Unfreiheit abgefunden, lud Graf Moltke regelmäßig kompetente Fachleute – Vertreter verschiedener Berufsstände, sozialer

Schichten und Parteien, sowie Vertreter der beiden großen christlichen Kirchen Deutschlands – auf sein Gut in Niederschlesien ein, um mit ihnen Überlegungen für den Tag X anzustellen. Dieses Planen für eine »Zeit danach« war – darüber waren sich alle Beteiligten im Klaren – gleichbedeutend mit dem Zweifel an der Ewigkeit des Dritten Reiches und somit Hochverrat. Ab 1942 nahm Delp, der schon immer in seinen Predigten und Artikeln versucht hatte, die Menschen auf die christentumsfeindlichen Tendenzen in der nationalsozialistischen Weltanschauung aufmerksam zu machen, regelmäßig an diesen Beratungen als Experte für soziale Fragen teil.

Von besonderer Bedeutung waren die Gespräche im Sommer 1942, in denen es um die Erwartungen der Menschen in dieser Terrorsituation an die Kirchen ging und um das Engagement der Kirchen im Widerstand. Obgleich klar gesagt wurde, die Politik sei nicht der Sinn der Kirche, wurde dennoch der Kirche die Aufgabe zugesprochen, sich für die Menschenrechte einzusetzen, damit ein menschenwürdiges Leben überhaupt möglich ist, und dafür zu sorgen, dass die eigenen Mitglieder sich engagieren und mit allen anderen Gruppen bei der Durchsetzung dieser Rechte zusammenarbeiten, was immer dann die Kirche an Repressalien treffen mag.

Bereits Anfang Januar 1944 war Moltke verhaftet worden, weil er Generalkonsul Dr. Otto C. Kiep (1886–1944) vor seiner Verhaftung gewarnt hatte. Damit hatte der »Kreisauer Kreis« seine tragende Mitte und seinen Organisator verloren; die *politische Arbeit als Gemeinschaftsarbeit* war zu Ende. Die einen schlossen sich nun dem Kreis um Stauffenberg an, andere – wie Delp – waren weit weg von Berlin und nicht wenig ungeduldig, da uninformiert über die weiteren Planungen. In diesem Moment stellte sich für die einzelnen Mitglieder erneut die Frage nach dem Sinn eines Attentats auf Hitler und nach der Beteiligung daran. Rösch hatte eindeutig abgelehnt, Delp ebenso, andere entschieden sich dafür.

Alles Planen des »Kreisauer Kreises« geriet nach dem 20. Juli 1944, nach dem gescheiterten Attentat auf Adolf Hitler, in Vergessenheit, denn die Jagd gegen die »Verschwörer« begann. Da Delp am 6. Juni 1944 in Bamberg auch mit Oberst Claus Graf von Stauffenberg gesprochen hatte, war er doppelt gefährdet. Obgleich seine Ordensmitbrüder und Freunde ihm rieten, unterzutauchen, blieb er bei seinen Leuten in München-Bogenhausen. Im Übrigen war er der Meinung, er habe nichts Unrechtes getan. – So kam, was zu befürchten war: Am Morgen des 28. Juli 1944 ließ die Gestapo Delp nach der Feier der heiligen Messe in St. Georg verhaften. Da sein Name in einem Notizbuch Stauffenbergs gestanden hatte, wollte man ihn mit dessen Attentat in Verbindung bringen. Das Angebot, man lasse ihn frei, wenn er bereit sei, aus dem Jesuitenorden auszutreten, lehnte er ab. So wurden er und die anderen »Kreisauer« vom 9.–11. Januar 1945 vor den Volksgerichtshof gestellt. – Die Gestapo wusste bis August 1944 nichts von der Existenz des »Kreisauer Kreises«. Erst aufgrund brutaler, blutiger Verhöre entdeckte die Gestapo kurz darauf die »Kreisauer«. Aber selbst beim Prozess im Januar 1945 wusste der Geheimdienst noch nicht alles über sie.

Neuordnung im Widerstand

Aufgrund der noch vorliegenden Ausarbeitung Delps lassen sich folgende Details für eine Neuordnung im Widerstand festhalten:

1. *Die Revision der Eigentumsverteilung.* Bei dieser Frage steht das Privateigentum, dessen Bedeutung nicht bestritten wird, unter dem Imperativ der Sozialpflichtigkeit und das Eigentum im Großkapital gerät unter die Forderung einer Überführung in gemeinschaftliches Eigentum. Delp schwebte dabei kein Staatskapitalismus sozialistischer Prägung vor, sondern eine Verantwortung für das Eigentum in Arbeiterhand.

2. *Der Friede zwischen Kapital und Arbeit erfordert eine Lohn- und Einkommensreform.* Der Arbeiter soll aus seiner Besitzlosigkeit (dem Charakteristikum des Proletariats) durch Mitbesitz, Mitbestimmung, Mitverwaltung heraustreten. Der Gedanke an eine Genossenschaft führt zum Entwurf der »Betriebsgewerkschaft«. Diese steht also nicht nur gegen die zentralistischen Gewerkschaften, deren Unheil man im Dritten Reich ausreichend erfahren hatte. Sie machte auch eine Option für Verantwortung der Arbeiter möglich. »Entproletarisierung des Proletariats« hieß es in den päpstlichen Rundschreiben.

3. Eine organische Ausgleichswirtschaft sollte durch die Gegenläufigkeit von Planung und Föderalismus zustande kommen. Sie sollte immer auf das Prinzip »Subsidiarität« zurückgebunden sein. Darin erwies sich, wie sehr Delp in seinen Ansichten auch dem Solidarismus von Heinrich Pesch SJ verpflichtet war.

4. Die Vollbeschäftigung in wirtschaftlicher Stabilität kann allerdings nur erreicht werden, wenn die Arbeitsteilung gemildert und das soziale Bewusstsein, in seiner inneren Reform, erneuert wird. Damit griff Delp wieder den ethischen Appell einer Sozialreform auf.

5. Um die Arbeitsteilung zu erreichen, entschied sich Delp für eine Umwandlung der Großindustrie in Mittel- und Kleinbetriebe. In dieser Forderung hing er wohl einer sozialromantischen Vorstellung an, die sich mit Technik und Industrie noch nicht angefreundet hatte.

6. In der Erneuerung der sozialen Gesinnung drängte sich deutlich ein moralisches Programm auf. Wie kann es gelingen, Selbstverantwortung in kleinen Gemeinschaften zugunsten des Gemeinwohls einzuüben und zu organisieren? Alles das, was heute »Bürgernähe« und »Bürgerinitiative« heißt, war mit diesen Zielvorstellungen zumindest angezielt.

Delp griff im Wesentlichen auf die Grundaussagen der Enzyklika »Quadragesimo anno« zurück. Er formulierte sie für Menschen aus, die mit katholischer Soziallehre wenig vertraut waren und setzte über alles neue Begriffe – wie »personaler Sozialismus« oder »Die Dritte Idee«. Damit brachte er sein Anliegen ein und trug auch zu einem Konsens im »Kreisauer Kreis« bei.

Topographie des Widerstands

Die Topographie des Widerstands der Jesuiten lag von Anfang an im Schutz und im Schatten der katholischen Kirche. Oftmals war es auch eine Topographie des Terrors. Das Netz der Gestapo zog sich weit über Deutschland hin, und ihr Terror konnte unterschiedliche Formen des Schreckens annehmen. In ihren Predigten, bei Vorträgen und in Exerzitien hatten die Jesuiten immer wieder die Gelegenheit, das Dritte Reich zu kritisieren und zu attackieren. Führend war dabei Pater Rupert Mayer SJ (1876–1945) in St. Michael in München. Unerschrocken wies er auf die Einschränkung der Menschenrechte und der seelsorglichen Tätigkeit der Kirche hin. Wegen seiner geradlinigen Kritik erhielt er am 25. Mai 1937 Predigtverbot, kam am 5. Juni 1937 in Untersuchungshaft und wurde am 22. Juli in München zu sechs Monaten Haft verurteilt. Einen Großteil seiner Strafe saß er im Gefängnis in Landsberg am Lech ab. Als er weiterhin nicht schwieg, wurde er am 3. November 1939 wiederum verhaftet und von der Gestapo am 22. Dezember in das KZ Sachsenhausen-Oranienburg gebracht. Aus Rücksicht auf seine angeschlagene Gesundheit und in der Absicht, aus ihm keinen Märtyrer zu machen, wurde er in der Benediktinerabtei Ettal interniert. Dort überlebte er – *lebendig ein Toter*, wie er selbst schrieb – das Dritte Reich. Er starb am 1. November 1945 in München und wurde am 3. Mai 1987 von Papst Johannes Paul II. selig gesprochen. Mit Rupert Mayer SJ wurde auch das Glaubenszeugnis und der Mut der Jesuiten geehrt, die die Angst um ihre eigene Zukunft überwanden und sich im Widerstand engagierten, ohne auf Pressionen zu achten.

War für Mayer gerade das der Schrecken, dass es ihm gut erging – er wurde 1940 im Kloster Ettal konfiniert und damit mundtot gemacht –, so musste Delp sein Engagement mit dem Leben bezahlen – er wurde wegen Hoch- und Landesverrates vom Volksgerichtshof zum Tod verurteilt, wie auch Moltke und Sperr.

Lothar König SJ, der im »Kreisauer Kreis« vor allem Kurier- und Beratungsdienste übernommen hatte, war angesichts der Gefahr am 19. August 1944 untergetaucht. Am 30. September standen die Steckbriefe von König und Rösch in der »Sonderausgabe zum Deutschen Kriminalpolizeiblatt«. Dieser Steckbrief führte, was König anbelangt, zu keinem Erfolg. Er blieb bis zum Ende des Krieges unentdeckt. Teilweise verbrachte er die Zeit im Kohlenkeller des Berchmanskollegs in Pullach. Am 5. Mai 1945 erlag er mit 40 Jahren dem Kehlkopfkrebs, der im Versteck nicht angemessen hatte behandelt werden können.

Provinzial Augustin Rösch SJ war am 26. August 1944 untergetaucht. Bei ihm führte aber die Fahndung zu einem Erfolg: Am 11. Januar 1945 wurde das Haus des Bauern Wolfgang Meier in Hofgiebing bei Haag östlich von München von 24 Polizeibeamten umstellt, Rösch in seinem Versteck aufgespürt und mit Meier und dessen Familie verhaftet. – Am gleichen 11. Januar 1945 wurde kurz nach 16:00 Uhr vom Präsidenten des Volksgerichtshofes, Dr. Roland Freisler, als Abschluss der Verhandlungen gegen den »Kreisauer Kreis« am 9. und 10. Januar 1945 das Todesurteil gegen Alfred Delp verkündet: Hochverrat. Der eigentliche Grund war: Hass gegen die Jesuiten und der Einsatz für die Lösung der sozialen Frage.

Rösch wurde nach Berlin gebracht. Der geplante Prozess vor dem Volksgerichtshof, der die Beteiligung der Kirchen am Attentat auf Hitler beweisen und ahnden sollte, kam nicht mehr zustande. Delp wurde am 2. Februar 1945 in Berlin-Plötzensee gehängt. Rösch kam am 25. April 1945 aus dem Gefängnis Berlin-Moabit frei, kurz vor dem Einmarsch russischer Truppen in Berlin. Er erreichte am 8. Juni 1945 wieder München, nach einem abenteuerlichen Fußmarsch durch ein verwüstetes, geteiltes und besetztes Deutschland.

Insgesamt saßen für die drei Jesuiten, die sich im Widerstand engagierten – Delp, König und Rösch – elf Männer und Frauen – teilweise monatelang – im Gefängnis oder waren im KZ eingesperrt und ein Mann starb im KZ Dachau: Als die Gestapo Lothar König SJ in Pullach Ende August 1944 nicht verhaften konnte, wurde Franz Xaver Spitzauer SJ am 28. August 1944 als Geisel verhaftet. Er kam am 25. März 1945 wieder aus Dachau frei. Ebenso wurde am 19. September 1944 die Schwester Königs, Ingeborg König, vom Grab ihres am 16. September 1944 bei einem Bombenangriff in Stuttgart getöteten Bruders weg verhaftet. Sie saß bis zum 5. April 1945 im Frauengefängnis Stuttgart-Bad Canstatt in Einzelhaft. Am 28. August 1944 wurde Josef Riethmeister in Berlin verhaftet, da man ihm unterstellte, ihm sei das Versteck Königs bekannt. Er saß bis zum 21. Oktober 1944 in Berlin in Haft. Für Augustin Rösch SJ, den die Gestapo nicht ergreifen konnte, wurde Franzjosef Müller SJ festgenommen. Erst am 9. April 1945 wurde er aus dem KZ Dachau befreit. Als Rösch in Hofgiebing verhaftet wurde, wurden mit ihm verhaftet: der Bauer Wolfgang Meier, der am 22. Februar 1945 im KZ Dachau nach offiziellen Angaben an Typhus starb, aber wohl tot geprügelt wurde; die beiden Söhne Wolfgang und Martin Meier, die bis zum 17. April 1945 im KZ Dachau saßen; die Tochter Maria Meier, die am 19. Januar 1945 aus dem Gestapogefängnis im Wittelsbacher Palais in die Freiheit entlassen wurde; Pfarrer Johannes B. Neumaier von Oberornau, der am 15. Februar 1945 krank aus dem Gefängnis Berlin-Moabit entlassen wurde; Paul Moser SJ, der Sekretär von Provinzial Rösch, der am 14. Februar 1945 in Berlin wieder frei kam; der spätere Domkapitular Franz Stadler, der ebenfalls am 14. Februar 1945 in Berlin die Freiheit wieder gewann.

Auch das ist die Konkretheit des Münchner Widerstandes. Rösch hatte die Fäden in der Hand, und der Widerstand breitete sich so unterirdisch in Deutschland aus. Doch der Preis war hoch, wie der Tod von Alfred Delp und dem Bauern Wolfgang Meier zeigen.

Gefängnis und gewaltsamer Tod

Nach dem 20. Juli 1944, dem Tag, an dem das Attentat auf Adolf Hitler scheiterte, änderte sich die Situation der »Kreisauer« gewaltig. Aus Männern, die eine Neuordnung erstellen wollten, wurden Gejagte, Verfolgte, am Ende Gefangene. Nach dem 20. Juli, über den Delp nur ungenügend informiert war, rieten ihm Mitbrüder und Freunde, die um seinen Besuch bei Stauffenberg am 6. Juni 1944 in Bamberg wussten, unterzutauchen. Er ging aber auf diesen Ratschlag nicht ein, denn er wollte seine Freunde in Bogenhausen in den schweren Kriegstagen und Bombennächten nicht allein lassen, und er wollte am 15. August 1944 endlich seine Letzten Ordensgelübde ablegen, die auf diesen Tag angesetzt waren. Im Übrigen war er der Meinung, dass sie im »Kreisauer Kreis« nichts Unrechtes getan hätten. Kreisau wollte er offen verteidigen und rechnete mit dem Recht.

So kam, was kommen musste: Delp wurde am Morgen des 28. Juli 1944 nach der Frühmesse in St. Georg von der Gestapo verhaftet. – Dies leitete die fünfte und letzte Station in seinem Leben ein.

Alfred Delp bei einer Bergtour im Chiemgau auf dem Gipfel der Hochries, Sommer 1944 (letzte Aufnahme vor der Verhaftung)

Delps Name war in Berlin bei einem Verhör von Peter Graf Yorck von Wartenburg (1904–1944) eher nebenbei gefallen. Offensichtlich hatte man ihn nur zur Sicherheit festgenommen. Erst als sich bei Verhören anderer Männer des 20. Juli weitere Hinweise auf Delp ergaben, wurde er nach Berlin überführt. Sein Leben in den Berliner Gefängnissen begann. Vom 7. August bis zum 27. September 1944 im Zellengefängnis der Gestapo in Berlin-Moabit – in diesen Wochen wurde Delp bei den Verhören gefoltert; vom 27. September 1944 bis zum 31. Januar 1945 in der Haftanstalt Berlin-Tegel – in diesen Wochen verfasste er die Advents- und Weihnachtsmeditationen, die auf Kassibern aus dem Gefängnis geschmuggelt wurden; vom 31. Januar bis zum 2. Februar 1945 im Gefängnis Berlin-Plötzensee – Delps letzter Station.

Nach seiner Verhaftung blieb Delp einige Tage im Gestapogefängnis im Wittelsbacher Palais, dem Hauptquartier der Gestapo in der Briennerstraße in München. Die Münchner Gestapo gab als Verhaftungsgrund seine Predigten an. Einige Tage später suchte Provinzial Rösch, der sich außerhalb Münchens aufgehalten hatte, die Gestapozentrale auf, wo er mit der Auskunft abgewiesen wurde, Delp sei nicht mehr hier. Es begann eine Zeit ungewissen Wartens. – Delp war in der Nacht vom 6. auf den 7. August 1944 nach Berlin überstellt worden.

Nun begann die mühsame Suche der »beiden Mariannen« – Marianne Hapig (1894–1973), Sozialarbeiterin, und ihre Freundin, Dr. med. Marianne Pünder (1898–1981), Ärztin und Direktorin der Sozialen Frauenfachschule in Berlin – nach Delp in den Berliner Gefängnissen. Am 15. August 1944 gelang es zum ersten Mal, das Paket mit Wäsche im neu errichteten Gestapogefängnis Lehrter Straße 3 für Delp abzugeben und die gebrauchte Wäsche sofort in Empfang zu nehmen. Der Rücken des Hemdes zeigte frische Blutspuren.

Für Delp waren es bittere sieben Wochen zwischen dem 7. August und dem 27. September 1944 in Zelle 253. Da er im Kontext des 20. Juli verhaftet worden war, musste er Tag und Nacht Handschellen tragen und es brannte bei Nacht ein blendendes Licht in seiner Zelle. Auch war er einer strengen

Überwachung ausgesetzt. Das Schlimmste war für ihn, dass er allein war, ohne ein Buch zum Lesen, ohne ein Blatt Papier zum Beschreiben, ohne seinen Rosenkranz zum Beten. Es quälte ihn die Frage, warum man ihn verhaftet hatte: Wegen seiner regimekritischen Predigten in St. Georg, in denen er auch das Euthanasieprogramm der Nazis als menschenfeindlich attackiert hatte? Wegen seiner Beiträge in den »Stimmen der Zeit«, in denen er sich immer auf einer Gratwanderung zwischen Anpassung und Widerstand befunden hatte? Wegen seiner Mitgliedschaft im Jesuitenorden, der neben den Juden und den Freimaurern zu den Erzfeinden des Naziregimes zählte? Wegen seiner geheimen Aktionen für die seit 1941 verfolgten Juden? Wegen seiner Mitarbeit im konspirativen »Kreisauer Kreis«, in dem er mit den Mitgliedern zusammen Pläne geschmiedet hatte für ein freies Deutschland nach dem Ende des Dritten Reiches?

Die Antwort, und damit eine fürchterliche Klarheit, brachten ihm die strengen Verhöre am 15. August 1944 im Reichssicherheitshauptamt. Er wurde mit nagelbespitzten Stöcken verprügelt, weil seine Antworten nicht dem entsprach, was seine Peiniger hören wollten. Der blutige Rücken sollte den inneren Widerstand brechen und die Wahrheit an den Tag bringen. – Delp merkte, dass sein Fall im Kontext des 20. Juli behandelt wurde und dass es somit nicht um die Wahrheit ging, sondern allein um seinen Kopf.

Die Gestapo sparte weder mit Folterungen noch mit lockenden Angeboten, wenn er den Orden verlasse. – *Ich habe Gott gefragt, warum er mich so schlagen lässt. Für die Unklarheit und Unwahrhaftigkeit meines Wesens, das ging mir auf. Wenn ich an die Nacht in der Lehrter Straße denke, in der ich Gott um den Tod gebeten habe, weil ich diese Ohnmacht nicht mehr ertragen konnte, dieser Wucht und Wut mich nicht mehr gewachsen fühlte. Wie ich die ganze Nacht mit dem Herrgott gerungen und einfach meine Not ihm hingeweint habe. Erst gegen Morgen strömte die große Ruhe in mich ein, eine beglückende Empfindung von Wärme und Licht und Kraft zugleich, begleitet von der Erkenntnis: du musst es durchstehen – und gesegnet durch die Zuversicht: du wirst es durchstehen. Das ist der Tröstergeist, das sind die schöpferischen Dialoge, die er mit dem Menschen führt.*

Nach Abschluss der staatspolitischen Ermittlungen in der Lehrter Straße wurde Delp als Untersuchungsgefangener des Volksgerichtshofes am 27. September 1944 in die Strafanstalt Tegel überstellt – zusammen mit den anderen noch nicht abgeurteilten »Kreisauern«. Sie waren im Haus 8, im so genannten »Totenhaus« inhaftiert, Delp in Zelle 313 als Häftling Nr. 1142.

Es gab zwar immer noch haftverschärfende Sonderbestimmungen für die 20. Juli-Fälle, deren schlimmste die Tag und Nacht dauernde Fesselung mit Handschellen war – *Zeichen der amtlichen Todeskandidatur.* Aber der größte Vorteil der neuen Haftbedingungen lag darin, dass die Aufseher und Wachtmeister noch aus der »alten Zeit« stammten und *wussten, was sie ihren Herren vom 20. Juli schuldig waren. Das sind mir neuartige Insassen hier im Gefängnis jetzt auf meine alten Tage! Die halbe Nacht beten sie, am Tage studieren sie und für unsereins haben sie immer noch ein gutes Wort.* – Mit diesen Beamten konnten die »beiden Mariannen« entschieden leichter verhandeln als mit der Gestapo. Mit den Wäschepaketen konnten manche Nahrungsmittel abgegeben werden und alle Dinge, die Delp zusätzlich brauchte wie Bücher zum Studieren, Tinte und Papier zum Schreiben der Meditationen, Reflexionen und der vielen kleinen Kassiber, die die »Mariannen« dann zu den Adressaten in München brachten. Bald bürgerten sich die so genannten »Bestellzettel« mit Fragen ein, die offen abgegeben und, vom Häftling beantwortet, wieder in Empfang genommen werden konnten. – Delp war nun nicht mehr alleingelassen. Er war wieder im Gespräch mit seinen Freunden in der Heimat. Das Wichtigste aber war für ihn, dass es gelang, einen winzigen Glaskelch, Hostien und Wein auf diese Weise einzuschleusen, und er ab dem 1. Oktober 1944 im Geheimen die heilige Messe mit gefesselten Händen feiern konnte. Seine Freunde in den benachbarten Zellen feierten immer mit: ein Schlag an die Wasserleitung teilte ihnen mit, wenn Delp zu zelebrieren begann.

In Berlin-Tegel war Delp nicht nur fleißig am Studieren, sondern auch am Schreiben. Das bezeugen unzählige Kassiber an Freunde und Mitbrüder. Einer seiner Texte ist überschrieben mit »Das Schicksal der Kirchen«. Ihn hat Delp vermutlich um die Jahreswende 1944/45 verfasst. Darin findet sich auch eine grundsätzliche Aussage zur Ökumene, wenn er schreibt: *Von zwei Sachverhalten wird es abhängen, ob die Kirche noch einmal einen Weg zu diesem Menschen finden wird. Das eine gleich vorweg: Dies ist so selbstverständlich, dass ich es gar nicht weiter eigens aufzähle. Wenn die Kirchen der Menschheit noch einmal das Bild einer zankenden Christenheit zumuten, sind sie abgeschrieben. Wir sollten uns damit abfinden, die Spaltung als geschichtliches Schicksal zu tragen und zugleich als Kreuz. Von den heute Lebenden würde sie keiner noch einmal vollziehen. Und zugleich soll sie unsere dauernde Schmach und Schande sein, da wir nicht imstande waren, das Erbe Christi, seine Liebe, unzerrissen zu hüten.* – Delp spielt auf den unzerrissenen Leibrock Jesu in der Passion an: ein großes Zeichen, eine bleibende Herausforderung der Christen.

Gemäß diesem theologischen Ansatz lässt Delp dann seinem Zellennachbarn, dem evangelischen Pastor Dr. Eugen Gerstenmaier (1906–1986), am 31. Dezember 1944 einen Kassiber zukommen, der das gleiche Thema noch einmal herausarbeitet: *Die geschichtliche Last der getrennten Kirchen werden wir als Last und Erbe weitertragen müssen. Aber es soll daraus niemals wieder eine Schande Christi werden. An die Eintopfutopien glaube ich so wenig wie Du, aber der Eine Christus ist doch ungeteilt, und wo die ungeteilte Liebe zu ihm führt, da wird uns vieles besser gelingen, als unseren streitenden Vorfahren und Zeitgenossen gelang. – Ich habe außer der Messe das Sakrament immer in der Zelle und rede mit dem Herrn oft über Dich. Er weiht uns hier zu einer neuen Sendung.*

Letzte Gelübde

Trotz aller Vergünstigungen erlebte Delp auch die schweren psychischen Belastungen der Einzelhaft, das Auf und Ab der Stimmungen, die Unsicherheit, wie wohl die Mitbrüder das eigene Tun beurteilen würden, *der Schatten, dass es so aussah, als habe mir Gott den 15. August [die feierliche Ablegung der Letzten Ordensgelübde] nicht zugedacht.*

Eine seltsame Verkettung kleinster Umstände fügte es, dass der Besuch Franz von Tattenbachs SJ, der – für Delp völlig unerwartet – die Erlaubnis für die Letzten Gelübde brachte und ihre Ablegung im Beisein eines verständnisvollen Aufsichtsbeamten entgegennahm, auf den 8. Dezember traf, Segen und Bestätigung der inneren Existenz.

Das Ablegendürfen der Letzten Gelübde, mit denen sich der Kandidat vollständig mit dem Orden und der Orden sich ganz mit dem Kandidaten bindet, das eigentlich auf den 15. August 1944 terminiert war, zeigte Delp deutlich, dass sein Orden in dieser Extremsituation hinter ihm stand. Und es war für ihn auch die deutlichste Antwort auf das Angebot der Gestapo, dass er sein Leben retten könne, wenn er aus dem Jesuitenorden austrete. – Die Treue zu seiner Ordensfamilie war Delp teurer als sein Leben.

Ich Alfred Delp gelobe und verspreche Gott dem Allmächtigen vor seiner Jungfrau Mutter und dem ganzen himmlischen Hofe, vor allen Umstehenden und vor Ihnen Hochwürden Graf Tattenbach, der an Stelle des Generaloberen der Gesellschaft Jesu und dessen Nachfolger Gottes Statt vertritt, ewige Armut, Keuschheit und Gehorsam und ihm gemäß besondere Sorge für die Ausbildung der Jugend, nach der Lebensform, die in den Apostolischen Briefen der Gesellschaft Jesu und in ihren Konstitutionen enthalten ist.

Außerdem verspreche ich besonderen Gehorsam dem Heiligen Vater für alle Sendungen, wie es in denselben Apostolischen Schreiben und Konstitutionen enthalten ist.

Berlin, am 8. Dezember 1944 Strafgefängnis Tegel.

Die weiteren Wochen brachten unmittelbare Vorbereitungen auf den Prozess. Die polizeilichen Vernehmungsprotokolle waren inzwischen an den Sondersenat am Volksgerichtshof gelangt, der für die Straftaten im Zusammenhang mit dem 20. Juli zuständig war und dem berüchtigten Blutrichter Dr. Roland Freisler unterstand.

Prozess

Der Prozess gegen die »Kreisauer«, zuerst für den 21. Dezember 1944 angesetzt, dann vom 9.–10. Januar 1945 abgehalten, stellte nach allgemeiner Einschätzung einen Ersatz für einen geplanten Prozess gegen die Kirchen dar. Der Prozess wurde vom Präsidenten des Volksgerichtshofes, Dr. Roland Freisler (1893–1945), persönlich geleitet. Der Prozess entwickelte sich als Hohn auf Recht und Gerechtigkeit. In der Rückschau sprach Delp von einer *Orgie des Hasses und von einem Theater.*

Die Anklagen, die im Zusammenhang mit dem 20. Juli 1944 erhoben wurden, wurden fallengelassen und es blieb – wie Delp es formulierte – ein *Feld-Wald-Wiesen Hochverrat* übrig.

Es gelang Delp, als Rechtsanwalt Wolfgang Hercher zu gewinnen. Er war einer der wenigen Offizialverteidiger am Volksgerichtshof, die für Fälle des 20. Juli zugelassen waren, und er verteidigte auch Moltke. Er hat in der Verhandlung auch keine Rolle gespielt, konnte aber wenigstens vorher in der Klärung der Anklagepunkte behilflich sein, die er am 16. Dezember 1944 seinem Mandanten mitteilte:

1. Die Gespräche in Kreisau, in denen über ein demokratisches Deutschland nach dem Ende des Dritten Reiches Pläne entworfen wurden, waren Hoch- und Landesverrat, denn: Ein Deutschland nach dem Ende des Dritten Reiches wird es nicht geben, da dieses ewig ist.

2. Die Gespräche zwischen den »Kreisauern« und dem »Sperr-Kreis«, zu denen Delp sein Pfarrhaus in Bogenhausen zur Verfügung gestellt hatte, waren ebenfalls Hoch- und Landesverrat.

3. Delp war über die Umsturzpläne des Leipziger Oberbürgermeisters Carl Friedrich Goerdeler informiert und hatte dies nicht unverzüglich bei der Gestapo angezeigt.

4. Delp hatte ein Gespräch zwischen Moltke und Bischof Johannes B. Dietz von Fulda vermittelt.

5. Delp hatte sich vor dem 20. Juli über das Attentat auf Hitler geäußert, wie Sperr in strengen Verhören aussagte. – Delp kommentierte später in einem Kassiber: *absolut tödlich.*

Alfred Delp vor dem Volksgerichtshof in Berlin, 9. Januar 1945

6. Delp hatte sich mit Stauffenberg am 6. Juni 1944 getroffen und dort sicher auch über das Attentat gesprochen, die Planungen aber nicht zur Anzeige gebracht.

7. Schließlich die bekannte Einstellung der Jesuiten zum Dritten Reich; sie waren aktenkundige Feinde des Deutschen Reiches.

Delp versuchte, seine Verteidigung vorzubereiten und notierte: Er sei nur zur Beratung der sozialen Probleme herangezogen worden; er habe versucht, die katholische Soziallehre einzubringen, die soziale Gerechtigkeit im Sinn des von ihm vertretenen »personalen Sozialismus«, den er in seinem Manuskript »Die Dritte Idee. Jenseits von Kapitalismus und Marxismus« dargelegt hatte. Ihm war klar: es ging um Leben und Tod.

Es nahten die Höhepunkte des Kirchenjahres. Im Advent und in den Weihnachtstagen schrieb er – mit gefesselten Händen – zu Herzen gehende Texte über den adventlichen Menschen, über die Menschwerdung Gottes, über das Vater unser, über das Schicksal der Kirchen und über Deutschland. Dabei wurde er getragen von seiner größten Hoffnung: *Ich werde überleben.* Sein Motto war: *Lasst uns dem Leben trauen, weil wir es nicht allein zu leben haben, sondern weil Gott es mit uns lebt.*

Für Delp war der gefährlichste Punkt eine irrtümliche Aussage des mitangeklagten Franz Sperr, er habe mit Delp kurz vor dem 20. Juli über Stauffenbergs Attentatspläne gesprochen. Tatsächlich hatte das Gespräch wenige Tage danach stattgefunden, in den staatspolizeilichen Vernehmungsprotokollen aber stand das lebensbedrohende Datum. Alle Versuche, mit Sperr heimlich in Kontakt zu kommen, scheiterten. Diese Bedrohung – *wir sollten für etwas gehängt werden, was wir nicht getan haben* – begleitete Delp in den Gerichtssaal, wurde aber von Freisler, der ja einen ideologischen Prozess wollte, in der Verhandlung mit leichter Hand zur Seite geschoben, als Sperr auf der Richtigkeit des von ihm genannten Datums nicht bestand.

Freisler begann am ersten Tag, dem 9. Januar 1945, sofort mit Delp: *Sie Jämmerling, Sie pfäffisches Würstchen, und so was erdreistet sich, unserem geliebten Führer ans Leben zu wollen … Eine Ratte, austreten, zertreten sollte man so was.* – Die Auseinandersetzung zwischen beiden war eine Auseinandersetzung zwischen Ideologie und Glaube, zwischen Drittem Reich und Reich Christi. Als Delp von Freisler gefragt wurde, was ihn als Priester veranlasst habe, die *Kanzel zu verlassen und sich mit einem Umstürzler wie dem Grafen Moltke und einem Querulanten wie diesem Protestanten Gerstenmaier in die deutsche Politik einzumischen,* antwortete Delp: *Ich kann predigen, soviel ich will, und Menschen geschickt oder ungeschickt behandeln oder wiederaufrichten, solange ich will. Solange der Mensch menschenunwürdig und unmenschlich leben muss, so lange wird der Durchschnitt den Verhältnissen erliegen und weder beten noch denken. Es braucht die gründliche Veränderung der Zustände des Lebens.* Freisler entgegnete: *Wollen Sie damit sagen, dass der Staat geändert werden soll, damit Sie anfangen können, Zustände zu ändern, die das Volk aus den Kirchen fernhält?* Delp antwortete: *Ja, das will ich damit sagen.* – Damit hatte er sein soziales Anliegen aufrecht verteidigt, sich aber um seinen Kopf gebracht.

Der Prozess gegen die »Kreisauer« stand unter keinem guten Stern. Dr. Roland Freisler hatte nicht ohne Grund den Beinamen »der rote Roland« – seiner roten Robe und seiner Bluturteile wegen. Er war einer der gefürchtetsten politischen Richter, der durch seine Methode, die Angeklagten niederzuschreien, zu demütigen und zu verhöhnen, einen zweifelhaften Ruhm gewann. Durch seinen Hass auf das Christentum ging ihm jede Objektivität in diesem Prozess ab. Delp fürchtete Freisler, den scharfen, linientreuen Juristen, Hitlers politischen Soldaten, als *Pfaffen- und Katholikenfresser,* wie er in einem Kassiber schrieb. Und er hatte Recht: Die Angeklagten wurden vorgeführt, beschimpft, für ehrlos erklärt und zum Tod verurteilt, wobei die redlichen Verteidigungsbemühungen der Angeklagten die Wut des Vorsitzenden nur noch mehr steigerten.

Am 10. Januar 1945 fing die Verhandlung mit dem Angeklagten Moltke an. Auch ihn brüllte Freisler nieder. Moltke schrieb noch am selben Tag einen ausführlichen Bericht an seine Frau Freya, zeichnete sogar die Sitzordnung des Gerichtssaales auf: *Alles, was Delp zuvor erlebt hatte, war einfach eine Spielerei dagegen. Ein Orkan brach los: Er hieb auf den Tisch, lief an so rot wie seine Robe und tobte.* Zu Moltke sagte Freisler: *Ein Jesuitenpater, und ausgerechnet mit dem besprechen Sie Fragen des zivilen Widerstandes! Und den Jesuitenprovinzial kennen Sie auch! Und der war auch einmal in*

Kreisau! Ein Jesuitenprovinzial, einer der höchsten Beamten von Deutschlands gefährlichsten Feinden, der besuchte den Grafen Moltke in Kreisau! Und da schämen Sie sich nicht! Kein Deutscher kann doch einen Jesuiten auch nur mit der Feuerzange anfassen. Leute, die wegen ihrer Haltung von der Ausübung des Wehrdienstes ausgeschlossen sind! Wenn ich weiß, in einer Stadt ist ein Jesuitenprovinzial, so ist es für mich fast ein Grund, gar nicht in die Stadt zu gehen.

Im Endergebnis spitzte sich also die ganze Anklage auf das kirchliche Gebiet, auf das Christentum zu. Moltke urteilte, dies entspreche dem inneren Sachverhalt und zeige, dass Freisler doch ein guter politischer Richter sei. *Das hat den ungeheuren Vorteil, dass wir nun für etwas umgebracht werden, was wir a) getan haben und was b) sich lohnt. Aber dass ich als Märtyrer für den heiligen Ignatius von Loyola sterbe – und darauf kommt es letztlich hinaus, denn alles andere war daneben nebensächlich –, ist wahrlich ein Witz, und ich zittere schon vor dem väterlichen Zorn von Papi, der doch so antikatholisch war. Das andere wird er billigen, aber das? Auch Mami wird wohl nicht ganz einverstanden sein.* Delp ist mit Moltke darin der gleichen Meinung, dass es ein Verbrechen war, an ein Deutschland jenseits der Katastrophe zu glauben, und *dass ich dies tat als katholischer Christ und als Jesuit.*

Dr. Lorenzen aus der Partei-Kanzlei, der über den Prozessverlauf täglich Reichsleiter Bormann Bericht erstattete, schrieb am 9. Januar 1945: *Heute begann unter Vorsitz von Dr. Freisler die Hauptverhandlung des Volksgerichtshofes gegen neun Angehörige des so genannten »Kreisauer Kreises«. Die Verhandlung gestaltete sich außerordentlich aufschlussreich.* Nach einer Zusammenfassung der Ziele des »Kreisauer Kreises«, die natürlich in abwertender Optik erfolgte, beschreibt er *Delp, 37 Jahre alt, Präfekt an der St. Georgs-Kirche in München-Bogenhausen, Schriftsteller (»Stimmen der Zeit«) und Redner (Grundthema der Reden die Begegnung zwischen modernem Leben und katholischer Weltanschauung), vorgesehen für einen Lehrauftrag in Pullach,* so: *Kräftige, bäuerliche Erscheinung, dialektisch außerordentlich geschult. Antwortete nie mit ja oder nein … Doch war am Ende der Kreis seiner Schuld logisch geschlossen. Freisler hatte ihn mit seinen eigenen Mitteln so in die Enge getrieben, dass er schließlich behauptete, das Ziel der Besprechungen sei die Erhaltung des Nationalsozialismus gewesen und damit dem Volksgerichtshof ein Argument gegen seine eigene Glaubwürdigkeit in die Hand gespielt hat.*

Und einen Tag später schrieb er über Moltke: *Vom Defaitismus völlig zerfressen, dabei ein ungewöhnliches Charakterschwein. Niederdrückend nur, dass er Graf Helmuth von Moltke hieß.*

Roland Freisler nannte während des Prozesses als tiefsten Grund einer unversöhnlichen Konfrontation, dass der Nationalsozialismus und das Christentum eines gemeinsam hätten: Wir fordern den ganzen Menschen. Diese Aussage beweist zumindest seinen Scharfsinn. Nationalsozialismus und Christentum waren demnach tödliche Alternativen. Diese Konfrontation des absoluten Anspruchs Christi mit dem Pseudokult des Dritten Reiches kostete Moltke, Delp und weiteren »Kreisauern« das Leben. In Ignatius von Loyola war der Widerpart gefunden, der die eigene Ideologie in ihrem hohlen Pathos bloßstellte. Moltke schrieb darüber am 10. Januar an seine Frau Freya: *Durch diese Personalzusammenstellung [Moltke, Delp, Gerstenmaier] ist dokumentiert, dass nicht Pläne, nicht Vorbereitungen, sondern der Geist als solcher verfolgt werden soll. Vivat Freisler! Das auszunutzen ist nicht Deine Aufgabe. Da wir vor allem für den heiligen Ignatius sterben, sollen seine Jünger sich darum kümmern.*

Urteil

Am 11. Januar 1945 wurde im Namen des Deutschen Volkes folgendes Urteil verkündet: … *Helmuth Graf von Moltke wusste von Goerdelers Verrat. Zwar lehnte er seine Mitarbeit scharf ab, warnte auch seine politischen Freunde vor Goerdeler, aber er meldete sein Wissen nicht. Er selbst, in Defaitismus gefangen, bildete einen Kreis, der für den Fall eines Zusammenbruchs unseres Reiches mit Nichtnationalsozialisten die Macht ergreifen wollte. Durch dies alles ist er für immer ehrlos geworden. Er wird mit dem Tode bestraft.*

Der Jesuitenpater Alfred Delp arbeitete sehr eng und intensiv mit Helmuth Graf von Moltke zusammen, vermittelte ihm auch ein wichtiges informierendes Gespräch mit dem Bischof von Fulda und stellte ihm seine Münchener Wohnung zu Verratsbesprechungen zur Verfügung. Auch er hat sich dadurch für immer ehrlos gemacht und wird mit dem Tode bestraft …

Sicher gehört Alfred Delp zu denen, die immer wieder behaupten, das Reich ihrer Kirche sei nicht von jener Welt. Das hinderte ihn aber nicht, sich mit lauter Nichtnationalsozialisten, darunter offenkundigen Staatsfeinden, in derartige konspirative Gespräche und Planungen mitten im Krieg einzulassen, sie selbst aktiv vorwärtszutreiben und dabei seine Wohnung sogar als Schlupfwinkel für die Verschwörerbesprechungen zur Verfügung zu stellen. Er tritt mit dem Anspruch auf, ein gebildeter Mann zu sein! … Wenn er trotzdem im Kriege dieses Verrats sich schuldig gemacht hat, so bezeugt das seine vollkommene Ehrlosigkeit und erzwingt zum Schutze des Reiches das Todesurteil gegen ihn …

Neben Moltke und Delp wurden noch Franz Sperr und Theo Haubach (1896–1945), führender Sozialdemokrat und Pressereferent im preußischen Innenministerium, zum Tod verurteilt, Eugen Gerstenmaier zu sieben Jahren Zuchthaus, Franz Reisert zu fünf Jahren Zuchthaus, Joseph Ernst Graf

Alfred Delp vor dem Volksgerichtshof in Berlin, 9. Januar 1945; rechts hinter ihm: Helmuth James Graf von Moltke

Fugger zu Glött zu drei Jahren Gefängnis. – Insgesamt haben von den zwanzig »Kreisauern« zwölf überlebt, acht wurden aufgrund des Todesurteils im Volksgerichtshof hingerichtet.

In seinem Protokoll über die Urteilsverkündung hielt Dr. Lorenzen fest: *Delp nahm das Urteil unbewegt auf – Moltke lächelte demonstrativ.* Zu Gerstenmaier vermerkte er, er *sei weltfremd und unter Umständen noch für die Gemeinschaft wiederzugewinnen*, weswegen er nur Zuchthaus bekommen habe. *Gerstenmaier hatte wohl mit Todesstrafe gerechnet, war daher sichtbar erschüttert.*

Nach der Verkündung des Urteils wurden die Häftlinge wieder in die Haftanstalt Berlin-Tegel zurückgebracht, entgegen der bisherigen Praxis, die zum Tode Verurteilten sofort nach Berlin-Plötzensee zu bringen und hinzurichten. – Moltke, Sperr und Haubach wurden am 23. Januar 1945 in Berlin-Plötzensee hingerichtet, Delp am 2. Februar 1945.

In einem Kassiber nach der Verurteilung schreibt Delp über den Prozess: … *Als die Verhandlung mit mir eröffnet wurde, spürte ich bei der ersten Frage die Vernichtungsabsicht. Die Fragen waren schön geordnet, auf einem Zettel präpariert. Wehe, wenn die Antworten anders ausfielen als erwartet. Das war dann Scholastik und Jesuitismus. Überhaupt ist das so, dass ein Jesuit mit jedem Atemzug ein Verbrechen tut. Und er kann sagen und beweisen und tun, was er will: er ist ein Schuft und es wird ihm nichts, gar nichts geglaubt … Unser eigentliches Vergehen und Verbrechen ist unsere Ketzerei gegen das Dogma: »NSDAP – Drittes Reich – Deutsches Volk: leben gleich lang.« Die drei sterben miteinander. Man wird Herrn Freisler einmal daran erinnern müssen, wie gut es wäre, wenn jetzt jemand Moltkes Nachkriegspläne und Abwehrpläne durchführen würde. Und wie viele von den Männern, die er gerichtet hat, jetzt fehlen … Manchmal kommt eine Wehmut über mich, wenn ich an das denke, was ich noch tun wollte: »Denn jetzt bin ich ja erst Mensch geworden, innerlich frei und viel echter und wahrhafter.«*

Sein Verbrechen war, wie er in den letzten Tagen noch von sich schreibt, *dass ich an Deutschland glaubte, noch über seine möglichen Not- und Nachtstunden hinaus, dass ich an jene simple Dreieinigkeit des Stolzes und der Gewalt (NSDAP –*

Drittes Reich – Deutsches Volk) nicht glaubte, und dass ich das tat als katholischer Christ und Jesuit.

In einer Vater-unser-Meditation schrieb Delp zwischen Verurteilung und Hinrichtung nieder: *»Führe uns nicht in Versuchung«. Diese Bitte sollen wir sehr ernsthaft beten. Der Herr wusste, was Anfechtung ist und welcher Zerreißprobe der Mensch in der Anfechtung ausgesetzt werden kann. Und wer ist seiner sicher? In den »schönen Tagen« überhören wir diese Bitte leicht als für uns nicht aktuell. Bis auf einmal die schönen Tage vorbei sind und man gar nicht mehr weiß, aus wieviel Richtungen die Stürme zugleich losgebrochen sind. Der Weg auf meine Klippe hier herauf: durch wieviel Stunden der Schwäche und Not ging er. Stunden der Ohnmacht und des Zweifels und des Nicht-mehr-weiter-Wissens. Oh, wie können die Dinge ihre wahren Umrisse verlieren und plötzlich in anderen Zusammenhängen erscheinen. Und die Stunde der Anfechtung wird niemand geschenkt. Nur in ihr lernt der Mensch sich selbst kennen und ahnt, welche Entscheidungen von ihm erwartet werden. Hoffentlich bleibe ich da oben schwindelfrei und stürze nicht wieder. Ich habe mich dem Herrgott ausgeliefert und vertraue auf die Hilfe der Freunde.*

Die Anfechtung überfällt uns von außen und von innen. Die Macht, die Gewalt, der Schmerz, die erlebte Erniedrigung, das eigene Versagen, der schweigende Gott, die äußerste Hilflosigkeit: das alles kann bittere Entscheidungen fordern. Es kann dann von innen die Angst dazukommen, jenes schleichende Gewürm, das jede Menschensubstanz auffrisst. Es kann die Dämonie von innen losbrechen, die Wildheit, die Empörung, der Zweifel, der Lebenswille, der nicht von sich weg will. Das alles kann bittere Stunden bereiten, und die Welt ist nachher anders, als sie vorher war. Die Haut ist gegerbt, trägt Narben und Wunden.

Die einzige Chance, diese Stunde zu bestehen, ist der Herrgott, und dass man sich nicht freiwillig in sie begeben hat. Der Herr heißt uns bitten, dass diese Stunden uns erspart bleiben. Ich rate allen, diese Bitte ernst zu nehmen. Was war das doch ein Hexenkessel! Und wie es weitergehen wird, wie lange ich hier an der Kante sitze und warte, ob ich springen muss oder nicht, das weiß ich nicht. Der Mensch muss auf alle falsche

Sicherheit verzichten, und er wird der großen Ruhe und Überlegenheit des Herrgotts teilhaftig. Wie ganz anders waren die Stunden vor dem Volksgerichtshof. Obwohl ich vom ersten Wort an wusste, ich falle, habe ich mich keine Minute unterlegen gefühlt. Das war jenseitige Kraft.

Delp musste nach dem Todesurteil noch lange auf die Vollstreckung warten. *Wenn ich sterben muss, weiß ich wenigstens warum. Wer weiß das heute schon von den vielen? … und wenn ich leben darf, weiß ich auch, wozu ich ausschließlich da bin in Zukunft!* schreibt Delp. Er hoffte noch immer, bat um Hilfe der Freunde, schrieb wie seine alte Mutter ein Gnadengesuch. Hart traf es ihn, als er am 23. Januar 1945 erfuhr, dass mit Franz Sperr auch Helmuth James Graf von Moltke hingerichtet worden war. – *Warum ich ohne Helmuth?*

Immer noch hatte er große Hoffnung, auch noch, als er auf dem letzten Bestellzettel vom 30. Januar notierte: *Beten und glauben. Danke. D[el]p.* – Mit diesem Zettel endet Delps Post aus der Haftanstalt Berlin-Tegel.

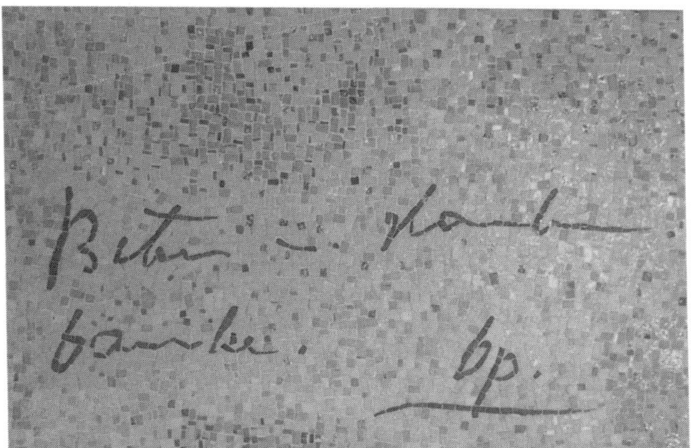

»Beten und glauben. Danke. D[el]p.« – Letzter Bestellzettel aus der Haftanstalt Tegel vom 30. Januar 1945. Mosaik von Michael Kampik SJ von 2002 im Provinzialat der Deutschen Provinz der Jesuiten, München

Am Morgen des 31. Januar 1945 wurde Delp nach Berlin-Plötzensee gebracht in die Zelle 317 von Haus 3. Er musste seine Kleidung abgeben und erhielt Sträflingskleidung. Am 2. Februar 1945, drei Monate vor dem Ende des Zweiten Weltkrieges, wurde er am Galgen hingerichtet. – An diesem Tag wurden sieben Männer und Frauen hingerichtet, am Vormittag ab 11:00 Uhr drei Frauen und ein Mann, die in keinem Zusammenhang mit dem 20. Juli 1944 stehen. Am Nachmittag wurden durch den Strang ermordet: Carl Friedrich Goerdeler um 15:19 Uhr, Johannes Popitz um 15:21 Uhr, Alfred Delp um 15:23 Uhr. Um jegliche Erinnerung an die Märtyrer auszulöschen, die nach dem 20. Juli 1944 verhaftet, verurteilt und hingerichtet wurden, wurde ihre Asche auf Befehl Hitlers auf den Rieselfeldern Berlins verstreut. – Damit hatte sich wenigstens Delps letzter Wille erfüllt: *Um das eine will ich mich bemühen: wenigstens als fruchtbares, gesundes Saatkorn in die Erde zu fallen und in des Herrgotts Hand.*

Sein Richter Roland Freisler überlebte ihn nur einen Tag. Er wurde am 3. Februar 1945 bei einem Bombenangriff von einstürzenden Trümmern erschlagen.

Mutter Delp erhielt eine kurze Benachrichtigung über den Tod ihres Sohnes: *Der Ordensgeistliche Alfred Delp ist wegen Hoch- und Landesverrats vom Volksgerichtshof des Großdeutschen Reiches zum Tode verurteilt worden.*

Das Urteil ist am 2. Februar 1945 vollstreckt worden. Die Veröffentlichung einer Todesanzeige ist unzulässig.

Franz Xaver Müller SJ gab ordensintern bekannt: *Am 2. Febr. ist fromm im Herrn verschieden in seinem 38. Lebensjahre, im 19. Jahre seines Ordenslebens P. Alfred Delp. Wir gedenken seiner Seelenruhe in der üblichen Weise: Die Priester mit 2 hl. Messen, die übrigen Mitbrüder mit 2 hl. Messen, Kommunionen und Rosenkränzen. Pullach, am 25. Febr. 1945.*

Und auf einem ordensintern verbreiteten Totenzettel schrieben die Mitbrüder: *Zur Erinnerung an P. Alfred Delp S.J., geboren am 15. September 1907, dem Fest der sieben Schmerzen der allerseligsten Jungfrau Maria, zum Priester ge-*

weiht am 24. Juni 1937, gestorben am 2. Februar 1945, dem Lichtmesstag der Mutter Gottes. – »Wer seinen Bruder liebt, der bleibt im Lichte, und kein Anstoß ist an ihm« (1. Jo. 2,10).

Gedenktafel an der Westseite der Kirche St. Georg in München-Bogenhausen für die Opfer des Dritten Reiches in Bogenhausen: Hermann Josef Wehrle, Alfred Delp, Ludwig Freiherr von Leonrod und Franz Sperr

Die Katholiken Deutschlands haben am 5. Mai 1963 in Berlin-Plötzensee die Gedächtniskirche »Maria Regina Martyrum« – »Maria, Königin der Märtyrer« eingeweiht. Sie gilt dem ehrenden Gedenken *der Blutzeugen für Glaubens- und Gewissensfreiheit in den Jahren 1933–1945*, wie es im Beginn des Martyrologiums der Kirche heißt. Die Krypta der Kirche birgt drei Sarkophage, in dessen mittleren sich nur eine Urkunde befindet. Sie ist das Martyrologium jener Blutzeugen der NS-Zeit, deren Grad unbekannt geblieben ist, oder denen das Grab verweigert wurde. Einer von ihnen ist Alfred Delp.

An der Westwand der St. Georgs-Kirche in München-Bogenhausen erinnert eine Gedächtnistafel an die Opfer des Dritten Reiches aus Bogenhausen: an Delp und drei weitere Männer des Widerstandes, die für ihren Glauben und ihr Glauben an ein neues Deutschland ihr Leben lassen mussten.

Epilog

Faktisch übrig geblieben ist von Alfred Delp nur seine zerbrochene Nickelbrille, sein Rosenkranz, und das Büchlein »Die Nachfolge Christi« des Thomas von Kempis. – Weiterleben werden seine Ideen.

Alfred Delp, der Beurteilter und Kritiker seiner Zeit, hatte es sich zur Aufgabe gemacht, die Not des modernen Menschen, nämlich die Gottunfähigkeit, beseitigen zu helfen. *Und das ist die Tragik unserer Zeit, dass sie den Menschen nicht findet, weil sie Gott nicht sucht, und dass sie Gott nicht sucht, weil sie keinen Menschen hat.* Zur Zeitkritik wurde auch seine Mitarbeit in den »Stimmen der Zeit«. Nach dem Verbot der Zeitschrift wurde Delp gezwungen, in noch engeren Kontakt mit den Menschen zu treten, um seine Zeitkritik zu äußern. Die Pfarrei Heilig Blut in München-Bogenhausen wurde nun bis zum Tag seiner Verhaftung der Ort seines Wirkens. Man warf ihm und Moltke Hochverrat vor, denn sie hatten – mit dem Zusammenbruch des Dritten Reiches rechnend – im »Kreisauer Kreis« Pläne für die christliche Neugestaltung Deutschlands ausgearbeitet.

Wir werden gehängt, weil wir gedacht haben, schrieb Moltke an seine Frau. Die »Kreisauer« wollten die Ideologie eines gewaltsamen Staates überwältigen. Ihr Ziel war, Deutschland im Geiste des Christentums auf dem Boden der sozialen Gerechtigkeit wieder aufzubauen und einem vereinten Europa einzufügen. Dafür riskierten sie sich, dafür nahmen sie dann auch den Tod am Galgen auf sich.

In seinem Buch »Der Mensch und die Geschichte« schreibt Delp: *Das Böse ist so fruchtbar in der Geschichte, nicht weil es geschichtsmächtiger ist, sondern weil das Gute so unfruchtbar ist, weil es Tradition als konservative Schläfrigkeit und Gewohnheit missversteht, weil es ethische Ordentlichkeit in biedermeierliche Bravheit und Sorglosigkeit verharmlost … Die Geschichte stellt die Bewährung des Menschen auf den weiten Blick, auf den hohen Mut, auf das große Wagnis und das blutvolle Opfer.* – Seit 1942 stand Delp in dieser Bewährung. Mit Helmuth James Graf von Moltke und anderen Männern traf er sich, um den Aufbau einer neuen Ordnung vorzubereiten, in der die Rechte Gottes und die Würde des Menschen als Ebenbild Gottes geschützt sein sollten.

Delp war damit vom Zeitkritiker zum Zeitgestalter geworden. Für ihn war der Kampfplatz die Gegenwart, in die er gestellt war. *Flucht oder Emigration sind nie die Haltung des Christen, weil er dadurch in Widerspruch zu seiner eigenen Wirklichkeit gerät, sondern nur der Wille zur Erfüllung, Meisterung, Erlösung.*

Zu kämpfen galt es Delp um das glaubwürdige Zeugnis für Gott. *Christus und die Kirche gelten in einem Volk immer so viel, als die christlichen Menschen es wert sind, als sie Kraft ihrer christlichen Vitalität, ihres strahlenden werbenden Daseins ihre Umwelt meistern und mit hereinziehen in den göttlichen Strom, in dem sie selbst existieren. – Das Erste, worum es zu gehen hat, ist der Glanz und die Ehre des Herrgotts, und wer echt für sie steht, dem wird alles andere hinzugegeben werden.*

Es ist nötig, den Menschen wieder gottfähig zu machen. Alfred Delp meint, dies könne man nur erreichen, wenn man

erstens den Lebensraum wieder in Ordnung bringe. Solange der Mensch unwürdig und unmenschlich leben müsse, solange würde der Durchschnitt den Verhältnissen erliegen und weder beten, noch glauben, noch denken.

Zweitens müsse der Mensch selbst wieder in Ordnung gebracht werden, denn sonst seien die schönsten und besten Lebensverhältnisse über kurz oder lang aufs Neue vermurkst. Der krankhaft lebensunkundig gewordene Mensch müsse wieder geistig bodenständig gemacht werden. Dazu gehöre: Erziehung zur Selbstständigkeit, Verantwortung, Urteilsfähigkeit, Gewissensfähigkeit, Erziehung zur Gesellung und echter Geselligkeit, Bildung zur Sache, zum Menschen, zu Gott hin.

Drittens: die unbedingt notwendige Ausrichtung nach dem Gesetz Gottes. Die neue Ordnung der Welt müsse die geschichtlich-fällige Form der Ordnung Gottes sein, *sonst gibt es einen neuen Turmbau und einen neuen Einsturz.*

Zur Verwirklichung dieser drei Aufgaben sei eine Schicht von Menschen notwendig, die das Ganze übersehen, die beides in sich vereinigen: eigentliche Religiosität und eigentliche, sachliche Weltkundigkeit. – Delp, Moltke und einige andere hatten sich an diese Aufgabe herangewagt. Und gerade deshalb wurden sie zum Tod verurteilt.

Alfred Delp gibt seiner Hoffnung Ausdruck. In einem Kassiber nach dem 11. Januar 1945 schreibt er: *Es sollen einmal Andere besser und glücklicher leben dürfen, weil wir gestorben sind.*

Alfred Delp – Visionen seines Lebens

Von Alfred Delp reden kann man eigentlich nur, indem man provoziert. – Pro-vozieren heißt vor-rufen, hervorrufen, was man allzu leicht überspielt, verdrängt, oder nicht sehen will. Provozieren bedeutet (nach Lexikon) aufreizen und dadurch den anderen zu einer Stellungnahme herausfordern.

Delp war ein ebenso sensibler, empfindsamer und darum ahnender und vorausahnender Mensch, wie er ein kühner und prophetischer Typ war. Er nannte die Dinge beim Namen, ohne Rücksicht auf Personen. Was ihn innerlich bewegte, musste er schonungslos verkünden. So hat er sich wortgewaltig und überzeugend in seinen Predigten zu Christus und seiner Kirche bekannt: *Kirche wird leben, wenn wir unseren Herrgott wieder einmal gern haben, so persönlich gern haben, dass wir bereit sind, für ihn zu sterben* – predigt er am 28. Juni 1941. Er trat ein für eine diakonische und missionarische Kirche der Offenheit und Weite. Die Ökumene war ihm – nicht zuletzt wegen seines persönlichen Werdeganges – ein großes Anliegen; im Gefängnis schreibt er: *Wenn die Kirchen der Menschheit noch einmal das Bild einer zankenden Christenheit zumuten, sind sie abgeschrieben.* Die Weltoffenheit und das soziale Engagement Delps gründen in einer tiefen mystischen Gottverbundenheit: *... dass man da hineingerissen wird in diese Dimensionen, in denen Gott lebt. – Und schließlich, dass die kühnsten Worte Augustins, Eckharts und der anderen Wissenden und Ahnenden ernst zu nehmen sind und echte Wirklichkeit meinen: im Menschen selbst, in seiner innersten Mitte geschieht das Leben Gottes. Genau da wird der Mensch er selbst, wo er sich als Ort des höchsten und lichtesten Seins weiß.*

Delp hat sein Vermächtnis in Sachen Erneuerung von Kirche und Welt an die Nachwelt nicht ausdrücklich formuliert. Wir müssen es aus seinen Lieblingsthemen, seinen Stichworten, seinen tragenden Ideen herauslesen. Drei sind erkennbar: die Vision eines personalen Sozialismus, die Vision einer menschenfreundlichen Kirche, und die Vision eines neuen Menschen.

Personaler Sozialismus, das heißt im Sinne der Sozialenzyklika »Quadragesimo anno« von 1931: die Vision einer Gesellschaft, in der die soziale Gerechtigkeit (*iustitia socialis*) personales Gesetz und strukturierendes soziales Prinzip darstellt. Dieses Programm, das eine konkrete, aktuelle Herausforderung ist,

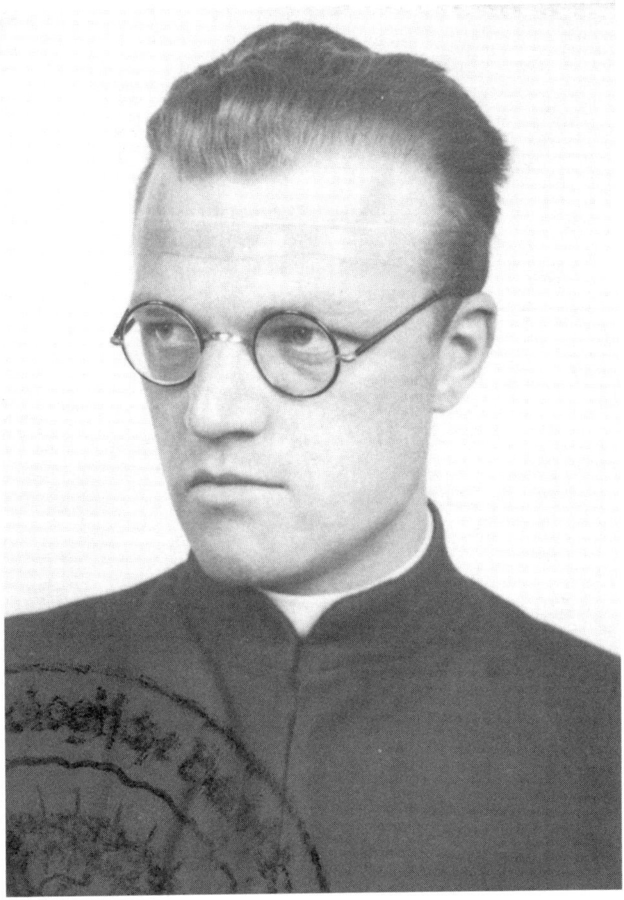

Alfred Delp, um 1934

meint: die Gerechtigkeit geht immer der Liebe voraus. Unmittelbar in die Lebenspraxis übersetzt, liest sich das Prinzip so: Der Arbeiter hat einen Rechtsanspruch auf seinen Lohn und kein Arbeitgeber kann sich auf die christliche Liebe berufen, wenn er einem Arbeiter seinen Lohn auszahlt. Liebe kann demnach nie eine Ausrede für die Verweigerung der Gerechtigkeit werden.

Nach dem gleichen Prinzip der Gerechtigkeit werden die weiteren Zielvorstellungen Delps entworfen:

- die Sozialpflichtigkeit des Eigentums, also: das Privateigentum, das zugesichert wird, muss in seinem Gebrauch vor der Gemeinschaft verantwortet werden;
- der Familienlohn, also: die Lebenssituation des Arbeiters bestimmt die Höhe seines Lohnes mit;
- die Mitbestimmung, also: der Widerspruch zwischen Kapital und Arbeit wird darin abzubauen versucht;
- das Eigentum in Arbeiterhand, also: der Abbau jener typisch proletarischen Abhängigkeit vom Lohn und der damit gebotenen Unfreiheit;
- die Bildungsförderung für Arbeiter und Bauern, also: die Umsetzung der Devise, dass Wissen Macht bedeutet für die sogenannten niederen Schichten.

Die in solchen Forderungen greifbare Radikalität war in Delps Überzeugung begründet, dass die soziale Frage die dem 20. Jahrhundert zur Lösung aufgegebene Frage sei, und dass es an der Zeit sei, ihre Lösung mit Entschiedenheit anzupacken. So schrieb er aus dem Gefängnis: *Das Schicksal jeder kommenden Neuordnung ist abhängig davon, ob es endlich gelingt, den Arbeiter als Arbeiter (nicht als Genossen und nicht als Volksgenossen) in die Gesellschaft einzugliedern. Dies bedeutet eine wirtschaftliche, eine kulturelle und eine politische Aufgabe.* In diesen Forderungen, in denen es offensichtlich um mehr als materielle Vorteile geht, griff Delp auf die päpstliche Sozialenzyklika »Quadragesimo anno« zurück, die eine *Entproletarisierung des Proletariats* gefordert hatte.

Aus der inneren Bewegung dieser Enzyklika, deren Grundentwurf von dem damals jungen Jesuiten Oswald von Nell-Breuning SJ stammte, wurde Delp zu seiner »Dritten Idee« angestoßen. Diese lag als personaler Sozialismus zwischen Marxismus und Kapitalismus. Nach Delps Meinung waren beide Systeme an der Überwindung der sozialen Not gescheitert. Seine Lösung war der personale Sozialismus, den er wie folgt beschreibt: *Eine Wirtschafts- und Gesellschaftsverfassung, die die Rechte der Gemeinschaft wie des Einzelnen wahren will, die beides zu garantieren sucht, soziale Sicherheit für alle und Freiheit des Einzelnen, muss also zugleich sozialistisch und personal sein. Wir heißen sie deshalb: »Personaler Sozialismus«.* Der personale Sozialismus sicherte dem Einzelnen alle individuellen Freiheitsrechte und nahm ihn zugleich für das Gemeinwohl (in seinen sozialen Aufgaben) in die Pflicht. In der Balance zwischen beiden Bedürfnissen – Selbstverwirklichung und Solidarität – sah Delp am ehesten persönliches Glück und sozialen Frieden gewährleistet.

Nicht ohne Grund wird in der Begründung des Todesurteils über Delp von Freisler die *Sozialpflichtigkeit des Eigentums* zitiert, unter Hinweis auf die päpstliche Enzyklika. Welche »Ehre« für Pius XI.! Kurz und gut: ein personaler Sozialismus stand einem Nationalsozialismus im Wege. Wer dagegen war, wurde weggeräumt.

Die Vision Delps von 1944/45 setzt sich heute in den Herausforderungen nach Solidarität und nach sozialem Verhalten um: eine Herausforderung an die Jungen und die Alten. Hierbei kann es nicht nur um theoretische Antworten gehen, sondern die ganz einfache und alltägliche Begegnung mit dem Nächsten ist gefordert. Gefragt ist nach seelischer Hilfe und finanziellem Beistand, nach der Kalkulation der eigenen Ansprüche unter dem sozialen Vorbehalt: der Nächste, der dabei im Blick ist, kann nicht nach Rassen und Klassen und Nationen ausgemacht werden. Solidarisch – wann werden wir dies alle sein?

Aus solcher Solidarität kann eine sozialgerechte Gesellschaft entstehen: die erste Vision Delps.

Die Vision einer menschenfreundlichen Kirche

In einer Meditation zu Weihnachten 1944 kam Delp auch kritisch auf die Kirche zu sprechen. Mit gefesselten Händen malte er träumerisch das Bild einer kommenden Kirche: *Die neue Kirche durchströmt immer neu der Schöpfergott. Aber welcher Gewalt und Gewaltsamkeit bedarf er oft, um sich durchzusetzen. Die Ämter der Kirche sind innerlich vom Geld geführt und verbürgt. Aber die Amtsstuben! Und die verbeamteten Repräsentanten. Und die so unerschütterlich sicheren »Gläubigen«! Sie glauben an alles, an jede Zeremonie, an jeden Brauch, nur nicht an den lebendigen Gott.* Hier macht Delp bei aller stürmischen Haltung eine wichtige Zwischenbemerkung, wenn er fortfährt: *Man muss bei diesem Gedanken sehr behutsam sein, nicht aus Angst, sondern aus Ehrfurcht. Aber es stehen so viele Erinnerungen auf an Haltungen und Gebärden gegen das Leben. Im Namen Gottes? Nein, im Namen der Ruhe, des Herkommens, des Gewöhnlichen, des Bequemen, des Ungefährlichen. Eigentlich im Namen des Bürgers, der das ungeeignetste Organ des Heiligen Geistes ist. Der Geist wird strömen und neu schaffen … Die schöpferische Theologie, der geistlebendige Mensch, die vorbehaltlose und tätige Liebe: sie werden sein und kommen.*

Das waren in der Tat Delps große Erwartungen an die Kirche, die an anderer Stelle seiner Schriften noch konkreter werden. Er hat zwei Forderungen an die Kirche: sie muss ökumenisch, sie muss diakonisch sein. In all dem muss sie sich für den armen und geplagten Menschen – Christi wegen – aufreiben lassen. Delp war der festen Ansicht, dass, was die Ökumene angeht, *die Kirchen der Menschheit* nicht *noch einmal das Bild einer zankenden Christenheit zumuten* können, denn *dann sind sie abgeschrieben*, und dass die Kirche in die *Diakonie, in den Dienst der Menschheit* zurückkehren muss, und nicht wieder am ausgeraubt an der Straße liegenden Menschen vorbei ins Heiligtum eilen dürfe, wie der Priester und der Levit im Gleichnis Jesu von Samaritan (Lk 24–27). Die Folgen wären schlimm: *Es wird kein Mensch an die Botschaft vom Heil und vom Heiland glauben, solange wir uns nicht blutig geschunden haben am Dienst des physisch, psychisch, sozial, wirtschaftlich, sittlich oder sonstwie kranken Menschen. Der Mensch ist heute krank.*

Diese Forderung nach der sozialen Diakonie bindet er ekklesiologisch wieder in seine Idee vom Menschen zurück, wenn er bedauernd feststellt: *die christliche Idee ist keine der führenden und gestaltenden Ideen dieses Jahrhunderts. Immer noch liegt der ausgeplünderte Mensch am Wege. Soll der Fremd-*

ling ihn noch einmal aufheben? Man muss, glaube ich, den Satz ernst nehmen: was gegenwärtig die Kirche beunruhigt und bedrängt, ist der Mensch. Der Mensch außen, zu dem wir keinen Weg mehr haben und der uns nicht mehr glaubt. Der Mensch innen, der sich selbst nicht glaubt, weil er zu wenig Liebe erlebt und gelebt hat. Man soll deshalb keine großen Reformprogramme entwerfen, sondern sich an die Bildung der christlichen Personalität begeben und zugleich sich rüsten, der ungeheuren Not des Menschen helfend und heilend zu begegnen.

Alfred Delp in Feldkirch, um 1934

Delp analysiert die Situation noch präziser, wenn er ausführt, dass der Mensch sich auf doppelte Weise als Hindernis zwischen sich und das kommende Reich Gottes stellt. Er nennt dann: die personale Verfassung des Lebens, zu der er sich entscheidet, und die soziale Ordnung des Lebens, in der er sich befindet, die er duldet oder fördert. Besonders beschäftigt ihn dann der in sich verschlossene Mensch: er sei ein gnadenloses Geschöpf, und auf die Dauer wirke er auch gnadenlos und zerstörerisch. Über die innere Bereitschaft, offen für Gott zu sein, also über die Bekehrung hinaus, fordert Delp *die Bereitschaft zu einer Revolution, das heißt die Bereitschaft zu einer sozialen Umwälzung, damit eine Ordnung wieder wird, die es dem Menschen ermöglicht, menschgemäß und somit gottoffen und gottesbereit zu leben. Das frömmste Gebet kann leicht zu Blasphemie werden, wenn unter Abfindung mit Zuständen oder gar unter der Förderung gebetet wird, die den Menschen töten, ihn gottunfähig machen, ihn notwendig, an seinen geistigen und sittlichen und religiösen Organen verkümmern lassen.*

Dass diese Kirche nur dann menschenfreundlich sein wird, wenn sie spirituell, ökumenisch und diakonisch in einem ist, war für Delp selbstverständlich. Während er dies für andere schrieb und darin auch eine scharfe Kritik an der Kirche vortrug, hatte er sich um seiner Glaubwürdigkeit willen selbst im Blick. Denn auch er hatte Gott und Christus des öfteren an die zweite Stelle gesetzt. Eine neue Kirche wird es wohl nur durch radikale Christen geben.

Delp war der Überzeugung, dass der Christ der eigentliche Mensch ist, also ohne ein christliches Leben volles Menschsein nicht gelänge. Gerade deshalb wird das unbegrenzte Engagement der Kirchen sich um diesen geplagten Menschen kümmern müssen. Dabei sah er sich an diese Wertordnung verwiesen: *Brot ist wichtig, die Freiheit ist wichtiger, am wichtigsten aber die ungebrochene Treue und die unverratene Anbetung*.

Aus dem Umgang mit einer solchen Wert-Ordnung würde die Kirche selbst jene Erfahrungen sammeln, die dann in eine *Mystik der Erde* einführten, die eine lebendige Theologie nach sich zögen – er traute diese schon damals Karl Rahner zu – die engagierte Christen auch in einem neuen Vertrauen zur

Kirche in die Gemeinden einbänden. Dann könnte auch dieses moderne Verständnis der Welt die Christen mitten in die Gesellschaft einweisen: schöpferisch, mitgestaltend, sozial-verantwortlich.

Diese Vision einer spirituellen, ökumenischen, diakonischen Kirche – die *Sakrament der Welt* ist – diente auch unmittelbar der *Rechristianisierung der Arbeiterschaft*, deretwegen Delp in den »Kreisauer Kreis« gerufen worden war. Aber allein die Absicht war ein *Anschlag auf Deutschland*, war Hoch- und Landesverrat. Deshalb musste Deutschland vor Delp geschützt werden: also die Todesstrafe.

Da diese tödlichen Alternativen heute nicht mehr bestehen, zeigt sich als der bleibende Adressat von Delps zweiter Vision »die Kirche«. Man würde es sich – wie auch Delp andeutet – zu einfach machen, dächte man dabei nur an das Amt der Kirche, an Priester, Bischöfe und an den Papst. Deren Macht und Einfluss dürfen – im Positiven wie im Negativen – gewiss nicht unterschätzt werden. Aber sollte die Reform der Kirche nicht in der Mitte des Volkes Gottes aufbrechen, dort wo der schöpferische Geist wirkt? Der einzelne Christ wird die Reform der Kirche bringen, weil und wenn er sich – nach dem Motto des Ignatius von Loyola *in actione et contemplatione* (*in Aktion und Kontemplation*) durchsetzt. Nicht mit großen Reden und mit kirchenkritischen Texten, sondern im alltäglichen christlichen Leben muss die Bürokratie, die Tradition, die Gewohnheit aufgebrochen werden. Der Weg der Reform der Kirche beginnt im Geiste Delps in der gemeinsamen Umkehr und der stetigen schöpferischen Unruhe, nicht in der Deklamation von Programmen und Forderungen.

Und so schließt sich hier die dritte Vision Delps unmittelbar an:

Die Vision eines neuen Menschen

Manche führten die Menschen in die Irre, wenn sie von einem *neuen Menschen* redeten, die Marxisten ebenso wie die Nationalsozialisten. Delp führte nicht in die Irre. Seine Forderungen sind klar und nicht auf Beifall aus. Sie lauten: *Nur der Anbetende, der Liebende, der nach Gottes Ordnung Lebende ist Mensch und ist frei und lebensfähig.* Damit setzt Delp neue Maßstäbe für sein Bild vom neuen Menschen.

Gott spielt im Leben des Menschen die tragende Rolle. Er ist es, dem allein Anbetung und Ehre gezollt wird. Nur Gott ist absolut gut und heilig. Anbetung hieße dann: jedes einmalige Wesen, das Jesus seinen Vater nannte, zu kennen und bei der eigenen Lebensführung mit einzubeziehen. Die Liebe wird zur entscheidenden Weise der Selbstfindung. Eine solche Liebe wäre nichts anderes als Zuwendung, Wohlwollen und personale Übergabe.

Jeder Mensch muss in Gottes Ordnung leben. Delp war immer der Meinung, dass der Mensch die göttliche Ordnung in der Schöpfung und in sich selbst – in seinem sittlichen und sozialen Verhalten – erkennen kann. Gott habe Ziele und Wege in seinem Schöpfungswerk bereits angelegt. Weil Delp so vertraute, konnte er an die Erfüllung dieser Forderungen die Zusage knüpfen: dieser Mensch ist treu und lebensfähig.

Delp setzte diese Vision in Gegensatz zum Massenmenschen, an dessen Heraufkommen leider auch die Kirchen beteiligt gewesen wären. Dort aber, wo der Mensch beginnt, sich selbst vor Gott zu verantworten, also: *in Ordnung ist*, wird es in der Welt besser und friedlicher zugehen. Wie konsequent Delps Entwurf durchdacht ist, wird in seiner neuen Wertordnung greifbar: *Brot ist wichtig, die Freiheit ist wichtiger, am wichtigsten aber die ungebrochene Treue und die unverratene Anbetung.*

Und was heißt: In Gottes Ordnung leben? Delp meint nicht weniger als: auf die innere Stimme des Gewissens und des Herzens hören, ihnen folgen und sich darauf verlassen, dass immer noch eine Übereinstimmung zwischen dem inneren Gesetz und der äußeren Wirklichkeit gelingen kann. Wer anbetet, liebt, und wer die Ordnung Gottes anerkennt, der ist Mensch. So lautet die These, die Delps Vision erfüllt.

Ein solches Menschenbild kann zur puren Utopie werden, die den Menschen zynisch überfordert, wenn dieser Mensch nicht von einem großen Vertrauen in die helfende Nähe Gottes erfüllt ist. Das Vertrauen zu Gott wird im Vertrauen unter Menschen eingeübt. Deshalb wird für Delp zum Indikativ dieser großen Imperative: die Menschwerdung Gottes. Delp notiert an der Vigil vor Weihnachten: *Gott wird Mensch. Der Mensch nicht Gott. Die Menschenordnung bleibt und bleibt verpflichtend. Aber sie ist geweiht. Und der Mensch ist immer mehr und mehr mächtig geworden. Lasst uns dem Leben trauen, weil wir es nicht allein zu leben haben, sondern Gott es mit uns lebt.*

Aus solchem Vertrauen wird die Freiheit gefunden, jenes große Gut des modernen Menschen. Delp fürchtete sich nicht vor der Freiheit. Im Gegenteil, er schrieb: *Die Geburtsstunde der menschlichen Freiheit ist die Stunde der Begegnung mit Gott.* Also Freiheit und Gottesbegegnung verwirklichen sich zusammen, nicht gegeneinander, wie manche heute meinen.

Alfred Delp in Wolferkam anlässlich einer Hochzeit, 1941

Was kann man unternehmen, um dieser Vision Delps heute Realität zu verschaffen? Nicht reden, sondern etwas tun. Konkret wird dieses Tun darin: mit anderen zusammen Biotope der Hoffnung schaffen, Räume der Freiheit ausmessen und bauen und die anderen verlocken, in die Dimensionen der Transzendenz hinein aufzubrechen. Dort könnte auch die Freude wach werden. Der neue Mensch fände Zuversicht und Lebenskraft. Eine solche Lebenseinstellung verlangt einen ganzen Menschen.

Diese großen Visionen konnte Alfred Delp selbst nicht mehr in die Realität umsetzen. Dass er auch durch seinen Tod zu ihrer Verwirklichung beitragen würde, tröstete ihn bei der Hinrichtung. Uns Nachgeborenen ist es überlassen, dafür einzustehen, dass sein Trost kein Irrtum gewesen ist.

Aussagen von Zeitzeugen

Franz von Tattenbach SJ (†): Gefesselte Hände

In Erinnerung an Pater Alfred Delp, S.J. † 2. Februar 1945

Auf dem Schreibtisch Pater Delps in Bogenhausen steht die Teilaufnahme einer Riemenschneider Figur: die gefesselten Hände. Er liebte das Bild, es erinnerte ihn an die Ordensgelübde. – Die Geschichte der Letzten Gelübde Pater Delps, die einen wichtigen Abschnitt seines inneren Schicksals umfasst, soll hier kurz erzählt werden.

Er hatte lange warten müssen, allzu lange; harte innere Kämpfe waren vorausgegangen, bis endlich Pater Provinzial den 15. August 1944 als Termin für die Gelübdeablegung festlegte. Pater Delp war gerade in der Vorbereitung seiner Exerzitien, die er für sich allein in Bogenhausen halten wollte, da erschien am 28. Juli die Gestapo und nahm ihn mit nach Berlin.

Pater Delp wusste von Anfang an, dass es um das Letzte ging. Von den Wochen, die er in der Lehrter Straße im Gestapogefängnis zubringen musste, wissen wir nicht sehr viel. Die Haft in Tegel als Angeklagter des Volksgerichtshofes war erträglicher, als die Untersuchungshaft bei der Gestapo. Die Verhöre mit ihren Quälereien hörten auf, die Wachtmeister, alte Beamte der ordentlichen Justiz, waren ruhige, menschliche Vorgesetzte. Und das Allerschönste: es gelang den »beiden Mariannen«, Frl. H[apig] und Frl. Dr. P[ünder], die mit Treue und großer Tapferkeit die Wäsche besorgten und gelegentlich Esspakete bringen durften, einen winzigen Glaskelch, Korporale usw. einzuschmuggeln, so dass Pater Delp heimlich und katakombenmäßig unter größter Vorsicht die hl. Messe feiern durfte. Das Leben in Tegel war trotzdem noch nicht paradiesisch. Die Einsamkeit und Abgeschlossenheit, die Bombenangriffe, bei denen die Häftlinge in den Zellen bleiben mussten, und als härteste Maßnahme die eigens verfügte Fesselung mit Handschellen Tag und Nacht – dies alles fraß an der Nervenkraft und war nur schwer zu ertragen. Es kamen wieder dunkle Stunden: *Ich war in einer kritischen Phase, in der ich sehr unter der Vereinsamung litt. Bei all dem war es aber*

»Gefesselte Hände« – Teilaufnahme einer Holzplastik (Hl. Sebastian) von Tilman Riemenschneider. Dieses Bild hatte Delp auf seinem Schreibtisch stehen

immer ein Schatten, dass es so aussah, als habe ihm Gott den 15. August nicht zugedacht. Warum hat Gott es nicht so gefügt, dass er die Gelübde ablegen durfte?

Da hielt er auf den Tag der Immaculata am 8. Dezember eine Novene, dass Gott ihm doch ein kleines Lichtlein sende, ein Zeichen der Bestätigung und des Trostes: *Ich habe mir für den 8. buchstäblich eine Aufrichtung und eine Botschaft der Erbarmung erbeten.*

Am Vigiltag abends vor dem Feste fand Pater Delp in dem Paket, das ihm frische Wäsche brachte, ein verstecktes Brieflein von Pater Tattenbach, der im Auftrag der Oberen ihm die wenigen Dienste zu leisten versuchte, die möglich waren: *Ich komme morgen früh zu offiziellem Besuch und bringe die Erlaubnis der Oberen für die Letzten Gelübde mit.* Nur durch seltsame Verkettung von Umständen hatte es sich ergeben, dass gerade der 8. Dezember Besuchstag wurde!

War es zu verwundern, das Pater Delp am 8. morgens so bewegt war, dass er bei der Gelübdeablegung seiner Bewegung fast nicht Herr wurde? Was war es auch für eine erholsame Feier! Am Schreibtisch saß der aufsichtsführende Beamte, rechts von ihm Pater Tattenbach. Das Gespräch sehr gehemmt durch die Anwesenheit des Dritten, ging zunächst über die Nachrichten von zuhause und von den Mitbrüdern. Schon all diese Dinge bewegten Pater Delp zutiefst. Dann wurden die technischen Dinge der Rechtsanwaltsbestellung erledigt. Als die Rede auf die Unterschrift unter die Gelübdeformel kam, verstummte Pater Delp völlig und sank auf seinem Stuhl zurück. Erst auf die Frage, ob er denn auch wirklich unterschreiben wolle, gab er sein Ja, las die Formel für sich, griff zur Feder und unterschrieb rasch und energisch mit seinen klaren und harten Zügen.

Nur mit sichtlicher Anstrengung konnte er seine Bewegung soweit beherrschen, dass er die Formel nun auch laut sprechen konnte, wie es zur juristischen Gültigkeit der Gelübde vorgeschrieben ist. Da die Besuchszeit schon weit überschritten war, ging die so einzigartige Begegnung nun mit einigen nebensächlichen Sätzen rasch zu Ende.

Am Abend des Immaculata-Tages schrieb Pater Delp: … *Es war soviel auf einmal … Die ganzen Tage der Novene auf den 8. hab ich um eine Botschaft der Erbarmung gebetet. Und dann diese Erfüllung … Ich habe endgültig mein Leben weggesagt. Nun haben die äußeren Fesseln gar nichts mehr zu bedeuten, da mich der Herr der Vincula amoris gewürdigt hat.*

Diese Selbstaufgabe Pater Delps sollte vor Gott in der Folge auch weiter vervollkommnet, geläutert und schließlich in seltsamer Weise bestätigt werden.

Die folgenden Tage und Wochen waren zunächst erfüllt von der unmittelbaren Vorbereitung auf die Gerichtsverhandlung, die erst auf den 21. Dezember angesetzt, dann auf Anfang Januar verschoben, schließlich am 9. und 10. Januar stattfand. Doch letztlich konnte auch das Pater Delp nicht beunruhigen. Er schreibt: *Ich bin von der Sache und den Sorgen ziemlich losgekommen. Die Mitternachtsmesse war die schönste bisher. Manchmal habe ich das Gefühl, man sollte überhaupt nichts tun, der Herrgott hat seinen eigenen Plan und Weg. Aber es sind eben so oft unsere vielen und kleinen Mühen, aus denen Gott sein Ergebnis zusammensetzt.*

In der Verhandlung am 9. morgens kam Pater Delp als Erster daran. Die Atmosphäre war so voller Hass, dass er keinen Augenblick über den Ausgang im Zweifel war. Nach der Verurteilung, die am 11. abends verkündet wurde, waren alle zum Tode Verurteilten auf das sofortige Ende gefasst. Warum die Vollstreckung erstmalig aufgeschoben wurde, ist nicht bekannt geworden.

Der Prozess hatte für Pater Delp und auch für die anderen, besonders für Graf Moltke, einen Trost gebracht. Es wurde ihnen amtlich bestätigt, dass sie nicht für irgendwelche Unvorsichtigkeiten, wegen irgend eines kleinen Pechs verurteilt wurden, sondern für das, was sie in Kreisen beraten hatten, das heißt für den Versuch der Vorbereitung eines Staatsneubaus nach der vorausgesehenen Katastrophe, eines Neubaus aus christlichen Grundsätzen heraus. Und dafür lohnte es sich, selbst zu sterben. *Die Atmosphäre dort war bös. Die Tendenz so eindeutig gegen Kirche und Christentum, so dass allein durch diese zwei Tage unser Leben ein Thema bekommen hat, für das es sich lohnt, zu leben und zu sterben.*

So waren diese Wochen des leeren Wartens zwischen Verurteilung und Tod nochmals eine Zeit großen geistigen Reifens, des Stehens in der Freiheit, bereit zu einem Leben voll Verantwortung und größter Wirksamkeit oder zum Tode des Opfers.

Wie es nun weitergeht? Natürlicherweise nach Plötzensee (Hinrichtungsort). Das sind von hier aus 10. Min. Fahrt. Eine Viertelstunde vor der Execution wird man geholt. Innerlich bin ich mir nicht ganz klar. Dass der gegenwärtige Zustand zu meinem Leben gehört, weiß ich und habe ich irgendwie gewusst … Also in der Freiheit des Herrgotts stehen bleiben, Stunden, Tage oder Wochen, wie er mag.

Das Wachsen und Reifen Pater Delps wurde noch einmal stark beeinflusst von zwei einschneidenden Ereignissen: der Verhaftung des Pater Provinzials Rösch, die Pater Delp am 20. Januar erfuhr, und der Hinrichtung der mitverurteilten Freunde am 23. Januar. Noch einmal begann das Fragen in neuer Schärfe, bis in die letzte quälende Tiefe: warum wurde er ausgesondert aus dem gemeinsamen Schicksal? War es das Wunder oder war er nicht würdig? *Gestern und heute waren schwere Tage. Helmuth und alle anderen sind weg; nur ich bin noch als der Einzige und Letzte im »Eisen«. Was das heißt? Es ist beinahe eine Bestätigung und zugleich eine furchtbare Einsamkeit … Ob es verlängerter Kreuzweg ist? Oder das Zwischenstück zu festem Boden? … Mit den anderen gehen wäre wahrscheinlich leichter gewesen wie dieses Übrigbleiben, aber es ist so … Hoffentlich kommt Ihr dort auf den guten Gedanken, die nächsten Tage sehr viel für mich zu beten.*

Die Antwort auf dieses unermüdlich ernste Fragen nach dem Willen und Planen Gottes, auf den Versuch, sich die rechte Sinngebung der noch geschenkten Tage unerbittlich abzuverlangen, gab Gott selbst durch die Wahl des Todestages. Pater Delp wurde am Fest des hl. Martyrers Ignatius von Tegel nach Plötzensee geholt. Ein nochmaliger Aufschub ließ den Lichtmesstag, den Tag der Ablegung der Letzten Ordensgelübde, zum Tage seiner letzten Hingabe werden.

Es kamen in diesen Tagen mehrmals falsche Nachrichten über die Hinrichtung Pater Delps nach München. An der Nachricht von seinem Tode am Lichtmesstag konnten wir keinen Augenblick zweifeln, die gottgefügte Bestätigung der Annahme seines Opfers war zu deutlich.

Pater Delp war geboren am 15. September 1907, dem Feste Mariae Schmerzen. Er trat in den Orden ein am 22. April 1926, dem heutigen Festtag Mariae der Königin der Gesellschaft Jesu. Die letzten Gelübde legte er ab am Immaculatatag 1944, sein Todestag war der Lichtmesstag 1945.

Diese Erinnerungen von Franz von Tattenbach SJ (1910–1992) sind abgedruckt in: »An unsere Freunde« – Nachrichten der Oberdeutschen Provinz der Gesellschaft Jesu, Januar 1951, 3–5.

Karl Rahner SJ (†): Dem Andenken Alfred Delps

Liebe Freunde Alfred Delps!

Wir sind zusammengekommen, das Gedächtnis des Todes des Herrn und seine Wiederkunft zu feiern, bis er kommt.

Und eine solche Feier geziemt sich auch gerade, wenn wir Alfred Delps gedenken wollen. Denn was die letzte entscheidende Wirklichkeit seines Lebens ausmacht, ist ein kleiner, aber wichtiger Abglanz des Lebens und des Todes Jesu Christi. Gott, von diesem Tod, von des Lebens und des Todes Jesu Christi, war gelebt aus dem Geiste Jesu Christi und darum soll diese Feier, die dem Andenken Alfred Delps gilt, beginnen mit der entscheidenden, letzten, umfassenden Feier, in der wir des Todes Jesu Christi gedenken, von dem alles Heil, alle Gnade, alles Leben kommt. Ich möchte bitten, in dieser Stunde, um das auch zu sagen, der anderen drei, die da in der Kirchenmauer verzeichnet sind, in Ehrfurcht und Dankbarkeit mitzugedenken: des Geistlichen Wehrle, des Gesandten Sperr und des Gesandten Leonrod.

Wir denken in dieser Stunde an Alfred Delp, zunächst gewiss seines Lebens. Die, die ihn kannten, denken immer noch mit Liebe, Dankbarkeit und herzlicher Freundschaft an ihren Alfred Delp. Es war, relativ gesehen, ein kurzes Leben, doch ich meine, es war ein reiches Leben, das Leben eines jungen Menschen, der schon in seinen Jugendtagen sich den höheren Aufgaben und Idealen des Lebens in der katholischen Jugendbewegung verschrieben hat. Es war das Leben eines jungen Jesuiten, es war das Leben eines Philosophen, der sich brennend für kulturelle und geschichtliche Fragen interessierte. Der das erste christliche Buch, eine Stellungnahme zur Philosophie Martin Heideggers, geschrieben hat. Es war das Leben eines Priesters, der hier in dieser Kirche lebendig predigte, aus der ganzen Fülle seines Herzens. Es war das Leben eines Menschen, der sich in dunklen Zeiten nie vorbeidrückte an Aufgaben, die schwer und gefährlich waren. Es war das Leben eines Menschen, der an die Armen und Notleidenden dachte und für sie, so gut er konnte, zu sorgen versuchte. Es war das Leben eines echten, ich darf doch das sagen, Jesuiten, dem wir, seine lieben Brüder, in Dankbarkeit gedenken. Natürlich war dieses Leben mit all seinem Reichtum, den ich nicht schildern kann, auch ein Leben eines Menschen, so wie wir. Und ich möchte der Letzte sein, der einfach in einer billigen Weise meinen Freund Alfred Delp glorifiziert. Er war ein Mensch, in dem es brodelte, der reden musste, der auch Konflikte auszuhalten hatte, auch schon während seines Lebens.

Aber eben all dieses in seinem Leben, mit all seinem Großen und Banalen, mit seinem Hohen und Niedrigen, war eben doch umfasst, gesteuert, durchtränkt, durchlichtet mit einer letzten Überzeugung und Ausrichtung auf Jesus Christus, unseren Herrn, auf den ewigen Gott. Und dem entsprach dann auch eben sein Sterben. Er hat sich schwer getan, Abschied zu nehmen. Er hat bis in die letzten Zeiten seines Lebens gehofft, dass er davonkommt, aber er ist eben an dem Tag, an dem er seine Letzten Ordensgelübde mit gefesselten Händen seinem ewigen Gott darbrachte, auch willig gestorben. In der Treue zu seinem Glauben, in der Treue zu seinem Orden, in der Treue zu seiner Sendung, hat er willig sich fallen lassen in die Unbegreiflichkeit Gottes.

Wir glauben, dass dieses Leben, das scheinbar scheiterte, vernichtet durch brutale Gewalt der Herrschenden und der Gemeinheit, gerettet ist in Gott. Wir glauben das, so sehr scheinbar die schweigende Unbegreiflichkeit Gottes dieses Leben verschluckt zu haben scheint, die Stimme dieses Lebens erst recht nun in den ungeheuren symbolischen Lobgesang des ewigen Gottes weitertönt. Wir glauben, dass das, was in diesem Leben an Liebe, an Opfer, an Treue, an Fröhlichkeit, an Eigensinn vielleicht sogar lebte, nun wirklich verklärt in Gott weiterlebt. Dass er wirklich mit der eigentlichen Quintessenz seines Lebens, das so kurz war, weiter da ist in dem einen ewigen Augenblick des Lebens Gottes. Es geht, so sagen wir, die wir den Tod und die Auferstehung Jesu jetzt feiern, es geht nichts unter. Es sieht so aus, als ob all das Leben des

»Drei Jünglinge im Feuerofen« – Denkmal für Alfred Delp bei St. Georg München-Bogenhausen, gestiftet 1981 vom KKV Hansa e. V. München; Bildhauer: Klaus Backmund

Menschen in einem erbärmlichen Tod versickere. Und in Wahrheit aber hoffen wir, in Wahrheit aber versuchen wir zu leben, dass ein solches Leben, das uns ungefragt auferlegt wurde, wirklich einen ewigen, endgültigen Sinn hat. Wir können uns vielleicht fragen, vorschnell, was das eigentlich genau bedeutet; und sobald wir anfangen, uns die Ewigkeit eines menschlichen Lebens auszudenken, da geraten wir in Engpässe, in Widersprüche. Das macht alles nichts, wir sind die, die die heilige Pflicht des Glaubens und der Hoffnung erleben und auf uns nehmen, an einen letzten, klaren, endgültigen, herrlichen, seligen Sinn unseres Lebens zu glauben. Und so ist eine solche kleine Feier für unseren Freund Alfred Delp im Grunde genommen eben doch das eine und selbe bleibende Bekenntnis an das ewige Leben.

Man wird im Unterschied zu Pater Rupert Mayer SJ vermutlicherweise dieses Leben Alfred Delps nicht selig und heilig sprechen, und ihn nicht gerade auf den Altären ausstellen, auch wenn wir draußen ein kleines Zeichen zu seinem Gedächtnis enthüllen. Das ist nicht notwendig. Es ist vielleicht für uns ebenso tröstlich, dass ein auf den ersten Blick vielleicht gar noch nicht vollendetes Leben, ein Leben, das plötzlich wie ein Fragment abgebrochen und zerschmettert wurde, eben doch in die Ewigkeit Gottes aufgenommen, geborgen und endgültig ist. Die Heiligen sind sicher unsere Vorbilder; und die, die wie wir es scheinbar nicht soweit bringen, und deren Leben irgendwo oft in einer entsetzlichen Banalität und Fragmentatur zu enden scheint, wir sind mit Alfred Delp eben doch die, die es auf ihre Weise versuchen wollen, stille zu halten, den letzten Sinn unseres Lebens vor uns kommen zu lassen und uns mit alldem, was wir sind, Gott und seinem Geheimnis zu übergeben. In dem Glauben, dass dieses unergründliche Geheimnis eben doch Liebe, Treue, ewiges Leben ist. Wir gehen nach der heiligen Messe hinaus vor dieses Denkmal. Und dieses Denkmal soll uns auch nichts anderes sagen, als was der letzte Sinn unseres eigenen Lebens ist.

Alfred Delp darf, auch wenn er nicht heilig gesprochen wird von der Kirche, dennoch in unserem privaten Leben auch ein wirklich realer Fürbitter sein, den wir durchaus mutig und dankbar anrufen können. Gebe Gott, dass diese Feier uns ein wenig deutlicher ins Bewusstsein, in unser Leben, in unsere Existenz hinaus ruft und hinein zieht, zu dem, was wir im Letzten sind: Menschen, die pilgernd in Treue der Ewigkeit Gottes entgegengehen. Amen.

Fest-Predigt von Karl Rahner SJ (1904–1984) in der Kirche St. Georg in München-Bogenhausen, anlässlich der Einweihung des Denkmales »Drei Jünglinge im Feuerofen« von dem Münchner Bildhauer Klaus Backmund, 1981.

Alfons Matzker SJ (†): Begegnung und Erfahrung mit Alfred Delp

Alfred Delp war 1934/35 im ersten theologischen, Frater Matzker im dritten philosophischen Jahr. Trotz der Trennung der Gruppen im Kolleg herrschte ein intensiver Gedankenaustausch. Besonders beeindruckt war Alfons Matzker von der Überzeugungskraft, mit der Alfred Delp sich mit den geistigen Strömungen der Zeit auseinandersetzte, und dem Scharfsinn, mit dem er die Soziallehre der Kirche vertrat und in der staatlichen Ordnungspolitik umsetzen wollte.

Ich bin nur ein kleiner Freund von Pater Delp. Ich war mit ihm in der Philosophie zusammen; ich war in der Philosophie, er war in der Theologie in Valkenburg. Zwei Jahre war er da. Ich war nur ein Jahr da. Außerdem war eine große Trennung zwischen Philosophen und Theologen – wir sollten nicht verdorben werden, wir Jungen. Es gab natürlich die so genannte *fusio*, wo man miteinander bei hohen Festen zusammenkam. Aber eine Stelle, wo man sich traf, das war der Chor. Er sang gern, aber konnte keine Noten. Ich musste ihm die Noten ins Ohr blasen, und er hat sie verstärkt. – So ist unsere Freundschaft entstanden.

Wir gingen dann verschiedene Wege. Ich bin in Schlesien tätig gewesen als Diözesanjungscharführer und in der Pfarrei. Kam dann zum Studium nach Rom, und auf der Rückreise von Rom habe ich die Fahrt unterbrochen und bin zu ihm nach Bogenhausen gegangen. Da war er ja schon dort in der Pfarrstelle tätig. Und da erzählte er mir von all den Widerstandsnestern, die es in Deutschland damals gab. Ich muss ehrlich sagen, ich bin so innerlich erschrocken. Geht das gut aus?

Wenige Wochen vor seinem Tod schrieb Alfred Delp in seiner Gefängniszelle in Berlin-Tegel: *Am ehesten und am deutlichsten finden wir diese Spuren des sich erbarmenden und sich neigenden, des sich rufenden und fordernden, des suchen-*

den und werbenden Gottes in der Durchforschung des Lebens der Menschen, deren Dasein vor Gott gelungen ist.

Nun, ich glaube, wir werden es alle sagen: das Leben Alfred Delps, das in den Augen der Welt am 2. Februar 1945 zu Ende war, war vor Gott ein gelungenes. Und: dass die Erinnerung an ihn uns darum helfen kann, Gottes Spuren zu entdecken und zu dem Gott zu finden, der auch um uns wirbt, der auch uns ruft, der auch uns helfen will, unser Leben im letzten, das heißt vor Gott ein gelungenes werden zu lassen.

Alfons Matzker SJ, während seines Vortrags in Brilon, 5. Februar 1984 – rechts hinter ihm ein Zitat Alfred Delps aus seinem Brief an sein Patenkind Alfred Sebastian: »Helfen, dass die Menschen in Gottes Ordnung und in Gottes Freiheit leben und Menschen sein können.«

Er trat 1926 in unseren Orden ein. Von dem Noviziat hat Pater Fank erzählt, der später selber Novizenmeister wurde in der Südprovinz. Es war schon, sagt er, von Anfang an für Pater Delp bezeichnend, wie er auch im Religiösen seine innere Fröhlichkeit bewahrte. Das ist gar nicht selbstverständlich. Ist mancher schön depressiv geworden, musste dann erst wieder aufgefangen werden. Ein kleines Beispiel: Wir machten zum ersten Mal unsere einstündige Betrachtung. So eine Stunde der Konzentration war lang. Doch Pater Delp: *Mir kam es gar nicht so lange vor. Im Glas meines Marienbildes vor mir sah ich Euch im Spiegel und konnte beobachten, wie Ihr Euch abmühtet. So ging die Zeit vorüber.*

Er war normal. Und doch, so Pater Fank, barg sich bereits damals hinter dieser Fröhlichkeit der glaubensstarke Helfer. Einer von uns sollte wegen unzureichender Gesundheit aus dem Orden entlassen werden. Delp sah seinen Kummer und sagte: *Mensch, wir beten Dich durch.* Das war seine erste Gebetserhörung. Denn er blieb.

Wie er sein Jesuitsein verstand, können wir vielleicht erkennen aus einer Skizze, die er einem Mitbruder zu seinen Letzten Gelübden geschrieben hat: *Unsere Aufgabe ist es zu sorgen, dass jede geschichtliche Stunde die entsprechenden Menschen finde. Bereit und fähig den fälligen Typ, die fällige Gestalt jesuitischen Mönchtums zu leisten und zu verwirklichen. Für das je fällige da sein.* Sie wissen ja, S.J. übersetzen ja manche »System je nach dem«. Das kann man ja auch sehr positiv sehen. Eben in diesem Sinne.

Diese acht Tage vom 11. Januar – es sind ja fast vierzehn – bis zum 2. Februar, wo er auf dem Berg sitzt. Diesen Text halte ich für den schönsten, den wir in der Briefliteratur finden. Dieser Brief, den er an einen Jungen geschrieben hat, den er hätte taufen sollen. Am 23. bekam er auf der einen Seite die Nachricht, Moltke ist hingerichtet, und zur anderen flattert die Nachricht »Da ist in München ein Junge geboren«. – Leben und Tod, nebeneinander. – Und er sollte ihn taufen. Und jetzt, er hat die Schlinge um den Hals. Da hat er die Freiheit, ihm einen Brief zu schreiben.

Lieber Alfred Sebastian – Sie werden natürlich fragen, wer ist das? Prof. Dr. Keßler, Philosophieprofessor in Würzburg ist dieser Bub geworden. – *Als große Freude und Ermunterung erhielt ich heute die Nachricht von Deiner Geburt. Ich habe Dir gleich mit meinen gebundenen Händen einen kräftigen Segen geschickt. Und da ich nicht weiß, ob ich Dich im Leben je sehen werde, will ich Dir diesen Brief schreiben, von dem ich aber auch nicht weiß, ob er je zu Dir kommen wird.* – Solch eine Freiheit. Er hat es auch gesagt: Ich sitze hier auf dem Berg. Eine gottgeschenkte Freiheit habe ich. – *Du hast Dir für den Anfang Deines Lebens eine harte Zeit ausgesucht. Aber das macht nichts. Ein guter Kerl wird mit allem fertig.*

Du hast gute Eltern, die werden Dich schon lehren, wie man die Dinge anpackt und meistert.

Und dann erzählt er ihm etwas über den heiligen Alfred und über den heiligen Sebastian und dann auch: *Ja, mein Lieber. Ich möchte Deinem Namen auch noch eine Last, ein Erbe zufügen. Du trägst auch meinen Namen. Und ich möchte, dass Du verstehst, was ich gewollt habe, wenn wir uns nicht richtig kennenlernen sollten in diesem Leben. Das war der Sinn, den ich meinem Leben setzte, besser, der ihm gesetzt wurde. Die Rühmung und Anbetung Gottes vermehren. Helfen, dass die Menschen nach Gottes Ordnung und in Gottes Freiheit leben und Menschen sein können. Und ich wollte helfen und will helfen, einen Ausweg zu finden aus der großen Not, in die wir Menschen geraten sind, in der wir das Recht verloren, Mensch zu sein. Nur der Anbetende, der Liebende, der nach Gottes Ordnung Lebende ist Mensch und ist frei und lebensfähig. Damit habe ich Dir etwas gesagt, was ich Dir an Einsicht und Aufgabe und Auftrag wünsche. Ich lebe hier auf einem sehr hohen Berg. Was man so Leben nennt, das ist weit unten in verschwommener und verworrener Schwärze. Hier oben treffen sich die menschliche und göttliche Einsamkeit zu ernster Zwiesprache. Man muss helle Augen haben, sonst hält man das Licht hier nicht aus. Man muss gute Lungen haben, sonst bekommt man keinen Atem mehr. Man muß schwindelfrei sein, der einsamen, schmalen Höhe fähig, sonst stürzt man ab und wird ein Opfer der Kleinheit und Tücke.*

Das sind meine Wünsche für Dein Leben, Alfred Sebastian: Helle Augen, gute Lungen, und die Fähigkeit, die freie Höhe zu gewinnen und auszuhalten. Das wünsche ich nicht nur Deinem Körper und äußeren Entwicklungen. Das wünsche ich vielmehr Deinem innersten Selbst, dass Du Dein Leben mit Gott lebst als Mensch in der Anbetung, in der Liebe, im freien Dienst …

So möchte ich mit drei Sätzen aus der letzten Woche schließen: Drei Sätze – Adoro, suscipe, ich bete an und nimm hin. *Adoro, ich bete an und nimm hin* sind die Urworte menschlicher Freiheit. Das gebeugte Knie und die hingehaltenen leeren Hände sind die Urgesten des freien Menschen. Die Geburtsstunde der menschlichen Freiheit ist die Stunde der Begegnung mit Gott.

Auszug aus einem Vortrag, den Alfons Matzker SJ (1911–1998), am 5. Februar 1984 im Alfred Delp-Kolleg in Brilon gehalten hat. – Der gesamte Vortrag ist abgedruckt in einem Sammelband mit im Alfred Delp-Kolleg Brilon gehaltenen Vorträgen, hg. von Franz B. Schulte 2007.

Fritz Delp: Mein großer Bruder

Werden Sie oft auf Ihren großen Bruder Alfred Delp angesprochen?
Delp: Eigentlich nicht. Hier in Lampertheim hat sich lange Zeit kaum jemand für meinen Bruder interessiert. Es hat lange gedauert, bis die Realschule nach ihm benannt wurde. 1995 wurde er dann zum Ehrenbürger ernannt. Am Elternhaus ist eine Gedenktafel angebracht.

Und früher, als Sie noch arbeiteten: Hat Sie keiner von den Kollegen auf Ihren Bruder angeredet?
Delp: Ich war Maschinenschlosser bei der Firma »Benz« in Mannheim. Über meinen Bruder bin ich da nie etwas gefragt worden. Obwohl die Mannheimer ja etwas stolz auf ihn sind, weil er dort geboren wurde.

Welche Erinnerungen haben Sie an Ihren Bruder?
Delp: Er war 14 Jahre älter als ich und einen Kopf größer. Unser Bruder Ewald, der als Kaufmann im Rathaus von Lampertheim arbeitete, war noch kleiner. Wir waren insgesamt sechs Geschwister, drei Buben und drei Mädchen. Meine Schwester Greta starb 1998. Jetzt bin nur noch ich da.

Das Jahr 1921, in dem Sie geboren wurden, war für Ihren Bruder Alfred entscheidend. Er wurde konfirmiert, kam zur Erstkommunion und wurde gefirmt. Wie kam das?
Delp: Unsere Mutter war katholisch, der Vater evangelisch. Alfred war zwar katholisch getauft, ging dann aber doch in die evangelische Volksschule. Auch die anderen Geschwister wurden erst evangelisch erzogen, ehe sie katholisch wurden. Nur bei mir war es anders. Ich war von Anfang an katholisch. Trotzdem sind meine Kinder wegen meiner Frau alle evangelisch. Mein Sohn ist evangelischer Pfarrer und lebt in Spanien.

Ihr Bruder soll ja wegen einer Ohrfeige, die er vom evangelischen Pfarrer erhielt, in die katholische Kirche zurückgekehrt sein.
Delp: Ja, der Pfarrer Rudolf Eckel hatte eine lockere Hand. Aber bei unserem katholischen Pfarrer Johannes Unger war es nicht anders. Er hat mir mal eine runter gehauen, weil ich einen Schneeball aufs Kirchendach geworfen hatte und Kirchgänger etwas von der kleinen Lawine abbekamen. Übrigens hat Alfred später, als er schon Jesuit war, immer wenn er uns in Lampertheim besuchte, zuerst beim evangelischen Pfarrer vorbeigeschaut.

Wie oft kam er zu Besuch?
Delp: Drei bis vier Mal im Jahr. Meistens dann, wenn er in Frankfurt oder Berlin zu tun hatte. Die Bahnlinie führt direkt über Mannheim und Lampertheim. Er übernachtete dann nicht bei uns, sondern im katholischen Pfarrhaus auf der anderen Straßenseite. So gegen 11 Uhr am Abend ging er hinüber, obwohl wir im »Schwanen« genug Platz gehabt hätten.

Sie wohnten im »Schwanen«?
Delp: Wir hatten eine große Wohnung im ersten Stock über einer Wirtschaft. Das Haus gehört noch heute der katholischen Kirche. Im Garten entstand auch das Familienfoto nach der Primiz 1937. Das war ein festlicher Tag. Am Tag darauf, am Montag, war dann noch die Hochzeit meiner Schwester Greta, die von Alfred getraut wurde.

Haben Sie persönlich auch überlegt, Jesuit zu werden?
Delp: Nein, das kam für mich nicht in Frage. Der Alfred war sehr gescheit. Er schaffte die acht Klassen Gymnasium in vier Jahren, und immer mit Auszeichnung. Nebenher gab er auch noch Nachhilfe, um etwas Geld zu verdienen. Wir hatten ja nicht viel. Bei sechs Kindern blieb kein Geld übrig.

Als dann der Zweite Weltkrieg losging, schrieb Ihr Bruder einen Brief an den Berliner Feldbischof. Darin bittet er, als Seelsorger für die Soldaten eingesetzt zu werden. Denn er schäme sich, als einziger in der Familie nicht »im Felde« zu sein. Wo waren Sie Soldat?

Delp: Ich war zwei Jahre in Russland und wurde durch einen Granatsplitter an der Lunge schwer verwundet. Später war ich dann in Frankreich an der Westfront und kam im Oktober 1944 in amerikanische Gefangenschaft. Mein Bruder Ewald war im Afrika-Korps und kam ebenfalls in amerikanische Gefangenschaft. Auch die beiden Schwager waren im Krieg. Gretas Mann ist gefallen.

In einem Brief vom 9. November 1944 aus dem Berliner Gefängnis Tegel schreibt Ihr Bruder an die Eltern, dass er »über Fritzens Befinden ein gutes Gefühl« habe. Offensichtlich hat ihn sein Gefühl nicht getäuscht. Denn Sie waren am Leben.
Delp: Ja. Uns ging es in der amerikanischen Gefangenschaft nicht so schlecht. Wir bekamen jeden Tag genug zu essen. Das Rote Kreuz hat die Lager besucht. Wir waren dann 17 Tage mit einem Geleitzug unterwegs nach New York.

Haben Sie gewusst, dass Ihr Bruder im Kreisauer Kreis aktiv ist und dort Pläne schmiedet, wie es in Deutschland einmal nach dem Zusammenbruch weitergehen kann?
Delp: Nein. Davon habe ich überhaupt nichts gewusst. Davon habe ich erst später erfahren, als der Krieg vorbei war. Ich wusste nicht, dass er im Widerstand ist. Das war für mich Neuland. Er hatte davon nichts erzählt. Er wollte niemanden in der Familie in Gefahr bringen.

Wie haben Sie erfahren, dass Ihr Bruder hingerichtet wurde?
Delp: Das war, als ich aus Amerika zurückkam. Es war der 7. Januar 1946, also fast ein Jahr nach Alfreds Tod. Meine Mutter sagte es mir gleich. Als ich mit dem Zug in Lampertheim ankam, habe ich am Bahnhof Leute getroffen, die es auch wussten. Aber keiner hat mir etwas gesagt.

Wann haben Sie Ihren Bruder zum letzten Mal gesehen?
Delp: Ich besuchte ihn im Frühjahr 1943 in München. Ich kam aus Russland zurück und war in St. Pölten im Lazarett gewesen. Von dort aus bin ich über München nach Lampertheim zurückgefahren. Ich übernachtete bei ihm im Pfarrhaus in Bogenhausen. Am anderen Tag, als er mich mit der Straßenbahn zum Bahnhof bringen wollte, stand ein Mann vor dem Haus, den ich

nicht kannte. Alfred sagte zu ihm im Vorübergehen, dass ich sein Bruder sei und ging mit mir weiter, ohne mir zu sagen, wer dieser Mann gewesen ist. Er fuhr mit mir dann auch nicht zum Bahnhof, sondern verabschiedete sich an der Haltestelle der Straßenbahn. Als ich später ein Bild von der Verhandlung vor dem Volksgerichtshof sah, wusste ich, wer dieser Mann war. Es war Graf von Moltke, der mit ihm zum Tod verurteilt wurde.

Wusste Ihr Bruder, dass Sie ihn in München besuchen werden?
Delp: Ja. Ich hatte ihn von St. Pölten aus angerufen und um ein paar Zigaretten gebeten. Er hatte ja genug. Er hat noch mehr geraucht als ich, wie ein Schlot. Das Paket kam umgehend.

Über was haben Sie in München mit ihm gesprochen?
Delp: Natürlich auch über den Krieg. Alfred wollte ganz genau wissen, wie es an der Front steht. Ich hatte den Eindruck, dass er recht gut informiert war. Er hatte nie geglaubt, dass die Deutschen den Krieg gewinnen. Mir ist das in Russland auch klar geworden. Wir waren ja nur ein paar Soldaten. Die Russen griffen uns massenweise an. Die haben auf ihre eigenen Leute keine Rücksicht genommen und sie ins Feuer gejagt.

Haben Sie in München geahnt, dass dies das letzte Wiedersehen ist?
Delp. Überhaupt nicht. Alfred war dort ja sicher gehockt. Das habe ich zumindest gemeint.

Nach dem Todesurteil verfasste er ein Gnadengesuch und verweist darin auch auf die »trostlose Situation« der Eltern, die krank und ausgebombt seien? Wie war die Situation daheim?
Delp: Das Elternhaus war kaputt. Eine Luftmine hatte im Mai 1944 die evangelische Kirche zerstört und auch den »Schwanen« beschädigt. Mein Vater war krank und kam ins katholische Krankenhaus. Meine Mutter zog nach München um und lebte bei der Familie Kreuser, die nach dem Krieg mehrmals im Jahr zu uns nach Lampertheim kam und ganz gern Spargel aß. Meine Mutter war eine gute Köchin.

Mit seinem persönlichen Gnadengesuch unterstütze er ein Gnadengesuch der Eltern, die ihn darum gebeten hatten. Im Brief

vom 21. Januar 1945 an SS-Reichsführer Heinrich Himmler entschuldigt sich Ihr Bruder fast für seine Bitte und weist auf das Anliegen der Eltern hin. Glauben Sie, dass Ihr Bruder sonst auf ein Gnadengesuch verzichtet hätte?
Delp: Das ist gut möglich. Er hörte aber viel auf die Mutter. Alfred hatte zu ihr ein sehr inniges Verhältnis. Sie hielt die Familie zusammen und hatte ihren eigenen Willen. Ich glaube, dass Alfred seine aufrechte Haltung vor allem ihr verdankt.

Und offensichtlich auch sein Gottvertrauen. Haben Sie das auch?
Delp: Glauben heißt nicht wissen. Ich bin da nicht so sicher wie mein Bruder oder meine Mutter. Als sie starb, standen alle Kinder und Enkel ums Bett. Sie hatte überhaupt keine Angst, war froh gelaunt und voller Erwartung. Zu mir sagte sie: »Fritz, bring mir noch ein Kognäkle.« Ich brachte ihr ein Glas Asbach. Danach ist sie gestorben.

Einen Brief aus Berlin an die Mutter unterschrieb er mit: »Dein großes Sorgenkind«. Nach der Verurteilung versuchte er sie zu trösten: »Eine kleine Weile nur und wir sind wieder beisammen.« Hat Ihre Mutter unter seinem Tod sehr gelitten?
Delp: Meine Mutter hat Alfreds Tod schwer getroffen. Uns Kindern gegenüber zeigte sie das aber nur wenig. Es war ja ihr Werk, dass Alfred aufs katholische Gymnasium ging und Theologie studierte, auch wenn sie nicht wollte, dass er Jesuit wird. Auch meine Schwester Greta hat danach nur wenig über ihn gesprochen. Sie hat viel verdrängt. Sie mochte ihren Bruder sehr, hat ihn auch im Gefängnis besucht und die Beamten mit Zigarren bestochen.

Sie haben als Soldat für das deutsche Volk gekämpft, in dessen Namen Ihr Bruder hingerichtet wurde. Spüren Sie Zorn?
Delp: Ja sehr. Das ganze Regime war eine einzige Verbrecherbande, von Himmler bis Hitler, von Goebbels bis Göring. Das waren keine normalen Menschen.

Waren Sie einmal in Plötzensee?
Delp: Ich war mehrmals dort. Es ist furchtbar. Die Haken an der Decke. Bei Gedenkfeiern habe ich dort auch Freya von

Moltke getroffen, die in den USA lebt. Eine prima Frau. Sie hat meinem Sohn das Du angeboten.

Sind Sie danach auch Eugen Gerstenmaier begegnet, der mit Ihrem Bruder vor Gericht stand?
Delp: Gerstenmaier war 1964 in Lampertheim, als neben der Kirche die Alfred-Delp-Kapelle eingeweiht wurde. Er war da schon Bundestagspräsident und hielt den Festvortrag. Er hatte ja Glück. Sein Schwager war Kreisleiter und hat sich für ihn in Berlin eingesetzt. Er wurde nur zu sieben Jahren Zuchthaus verurteilt.

Nach dem Urteil habe Ihr Bruder zu Gerstenmaier gesagt: »Also, Gerstenmaier, frisch gestorben!«
Delp: Das war im besten Sinn des Wortes »Galgenhumor«. Das ist typisch Delp. Mein Bruder hatte viel Humor und hat viel gelacht.

Interview mit Fritz Delp, Lampertheim, am 20. Dezember 2004, geführt von Andreas Schaller; abgedruckt in: Münchner Kirchenzeitung zum 60. Todestag Alfred Delps 2005.

Karl Adolf Kreuser SJ: Ein väterlicher Freund

Alfred Delp SJ zum 100. Geburtstag am 15. September 2007

1. Pater Alfred Delp und meine Familie

Zwischen Pater Delp und meiner Familie bestand, so darf ich sagen, eine echte Freundschaft. – Ich habe Delp immer als väterlichen Freund bezeichnet! – Schon vor 1941, dem Jahr in dem Pater Delp von den Nazis aus seinem Domizil in der Veterinärstraße ausgewiesen wurde und nach Bogenhausen in das alte Pfarrhaus von St. Georg umsiedelte, kam er am ersten Sonntag im Monat regelmäßig zur Männermesse um 7:30 Uhr nach Heilig Blut und anschließend zum Frühstück ins Elternhaus. Nach dem Umzug im April 1941 kam er dann auch während der Woche immer wieder zu einer guten Zigarre oder auch einem kleinen Umtrunk.

Von den bekannten 100 Kassibern, die Delp aus dem Gefängnis geschrieben hat, waren neun direkt an die Laplacestraße adressiert und beginnen meist mit: *Liebe Freunde!* In dieser Zeit ist der Kontakt auch besonders gewachsen, da nach Überlegungen von Pater von Tattenbach und meinen Eltern, die Mutter von Pater Delp aus Lampertheim (Hessen) zu uns zog, damit sie nicht in der Einsamkeit, abgeschnitten von allen Nachrichten, leben musste. So zog sie mit ihrer Enkeltochter Marianne bei uns ein. Hier hat sie dann auch, daran erinnere ich mich noch sehr gut, durch unseren Prälaten Max Blumschein, die Nachricht von der Hinrichtung bekommen. Ich sehe sie noch im Wohnzimmer sitzen, wir gingen alle hinaus und nach geraumer Zeit kamen wir wieder zurück und gingen zur weinenden Mutter, um sie zu trösten!

Wir selbst waren sicher auch traurig, aber eigentlich noch mehr erbost und stolz! Wir, die Jugend von Bogenhausen, hatten ja nun unseren Märtyrer. Und ich kann mich auch noch gut erinnern an den 15. März 1945, als wir – entgegen dem Verbot des Gerichts – in der St. Georgs-Kirche einen Jugendgottesdienst feierten. Zum Eingang haben wir eines der Lieblingslieder von Pater Delp gesungen: »Ein Jubellied lasst uns anstimmen …«!

Schon seit 1937 kannte ich die Jesuiten von der Marianischen Jugendkongregation (MC) in der Kaulbachstraße her, und so war ich auch nicht erstaunt, als mich eines Tages mein Vater bat, ich solle in die Veterinärstraße mit einem Leiterwagen gehen und Pater Delp helfen beim »Umzug«!

Aus einer undichten Stelle haben die Patres erfahren, dass ihr Haus – die »Stimmen der Zeit« – in der Veterinärstraße beschlagnahmt wird und die Patres ausziehen mussten. So kamen die Bewohner dieser Anordnung zuvor, indem sie schon ihre kommende Wohnstätte kannten und ihr Hab und Gut dorthin bringen konnten. Also lautete mein Auftrag: Hilf Pater Delp, das Wichtigste einzupacken und ins alte Pfarrhaus von St. Georg zu bringen. Dort hatten die Barmherzigen Schwestern nach dem Umzug vom Pfarrer in das neue Pfarrhaus (1934) eine Niederlassung zur Krankenbetreuung errichtet, und dorthin sollte Pater Delp einziehen, um künftig als

»Kirchenrektor« der alten Bogenhausener Kirche zu wohnen und zu wirken.

Am 21. April kam dann tatsächlich die Gestapo, beschlagnahmte das Haus und wies die Patres aus. In der für die Beschlagnahmer erstaunlich kurzen Zeit waren diese zum Auszug bereit, weil ja alles von langer Hand vorbereitet war.

3. Das Wirken in Bogenhausen

Nachdem Kardinal Faulhaber Delp offiziell zum Kirchenrektor von St. Georg ernannt hatte, bat Pfarrer Blumschein ihn, die Seelsorge für die Jugend zu übernehmen. Kaplan Hermann Josef Wehrle, ein ausgezeichneter Beichtvater, der ja dann auch als Opfer des Beichtgeheimnisses hingerichtet wurde, hatte als Spätberufener nicht mehr so recht zur Jugend gefunden. Für die Jugend von Bogenhausen war also Pater Delp ein großer Gewinn. Die Jugend- und Glaubensstunden und die Jugendmessen bleiben allen unvergessen.

Für Delp begann die große Zeit der Seelsorge! – Neben der Jugendarbeit waren es vor allem die Predigten. Ich denke noch an die Fastenpredigten über die sieben Sakramente. Ja, es waren eigentlich schon mehr Vorträge! Aus der Predigt über das Ehesakrament zitiere ich noch heute bei jeder Hochzeit, der ich assistieren darf.

Wenn ich vom Seelsorger spreche, dann muss ich besonders erwähnen seine Sorge bei und nach den Luftangriffen auf Bogenhausen. Noch vor der Schlussentwarnung war er mit dem Fahrrad unterwegs und hat nachgesehen, wo ist Hilfe notwendig. Und dann hat er mitgeholfen beim Löschen und Verschüttete aus dem Keller zu holen. Gegenüber meinem Elternhaus, das noch brannte, war eine Luftmine niedergegangen und hat das Haus einer Nazigröße zerstört. Ungeachtet dessen war Delp zur Stelle und hat geholfen, die Frau und Kinder zu bergen, eine Tochter nur noch tot. In der gleichen Nacht ist auch die Heilig Blut-Kirche, unsere neue Pfarrkirche, abgebrannt. So wurde die »alte« St. Georgs-Kirche, neben der Unterkirche von Heilig Blut, die notdürftig wieder in Stand gesetzt wurde, zur »Hauptkirche« erhoben.

Auch zur Seelsorge gehörend, möchte ich seinen Kampf um die Wahrheit nennen und ein Beispiel anführen: Die »Kreuzaktion« im September 1941: Der Gauleiter hatte angeordnet, dass in den Sommerferien 1941 die Kreuze aus den Schulzimmern entfernt werden. Delp hat zusammen mit Müttern aus der Gebeleschule und Jugendlichen aus dem Wilhelmsgymnasium die »Kreuzaktion« eingeleitet: Am 25. September 1941 wurden in den Klassenzimmern von Müttern beziehungsweise Jugendlichen – großteils aus der MC – die Kreuze wieder angebracht. Delp hat am Vorabend meiner Mutter eine Postkarte in den Briefkasten gesteckt: Bild der Karte: Michelangelo – »David mit der Schleuder«. Dazu handschriftlich: *Schleudern Sie gut. Ich werde auf jeden Fall morgen früh 6 h die Messe für Sie lesen. Erg. Grüße Ihr Alfred Delp.*

Für mich als »Mittäter« hatte diese Aktion noch ein Nachspiel, durch das ich Delp als »Pädagogen« kennen lernen sollte. Mein Vater, der ganz hinter der Aktion stand, sagte: *Damit du den Anschluss in der Schule nicht ganz verpasst, gehst du jeden Tag zu einer Nachhilfestunde zu Pater Delp und lernst Latein und Griechisch!* Der Erfolg blieb zwar aus, daran aber war nicht der Lehrer schuld, sondern der Schüler. Ich bekam mit vollem Recht lediglich einige Kopfnüsse beziehungsweise ein schmerzliches Ziehen an den Haaren.

4. Die Zeit der Vollendung zur Heiligkeit

Als Delp am 28. Juli 1944, direkt nach der heiligen Messe, noch in der Sakristei verhaftet wurde – ich war damals als Luftwaffenhelfer nicht in Bogenhausen –, war er ein geachteter, gelehrter, hilfreicher und sicher auch frommer Mensch, aber doch wohl noch kein Heiliger. Zum Heiligen ist er in der Gefangenschaft, in der Folter, in der Einsamkeit gereift.

Wer die Kassiber, die vielen Meditationen liest wundert sich nicht nur, dass dies in der kurzen Zeit mit gefesselten Händen geschrieben wurde, sondern er erlebt auch die Höhen und Tiefen seines gefangenen Lebens.

Die Betrachtung über das »Veni sancte Spiritus«, geschrieben nach der Verurteilung, also zwischen dem 11. und 30. Januar, ist ein bewegendes Zeugnis für das oben Gesagte. Diese Niederschrift endet in der vorletzten Strophe; es fehlen Texte zu den Zeilen:

...
deine Gaben zum Geleit.
Lass es in der Zeit bestehn,
deines Heils Vollendung sehn
und der Freuden Ewigkeit.
Amen. Halleluja

Die Erklärung ist wohl zunächst ganz einfach: Der Gefängniswärter kam und sagte: *Herr Delp es ist soweit, es geht nach Plötzensee zur Hinrichtung!*

Ich habe mir eine eigene Interpretation zugelegt: Diese Zeilen waren Delps »Nachtgebet«.

Und ich sehe Pater Delp in der grauenhaften Hinrichtungsstätte von Plötzensee, die Eisenträger mit seinen Fleischerhaken und den Stricken, fünf oder sechs solcher Haken, abgetrennt mit einem schwarzen Vorhang. Da standen nun die für diesen Hinrichtungsakt bestimmten Häftlinge und warteten auf die Vollstreckung:

Um 15:29 Uhr tritt der Staatanwalt vor den Todeskandidaten Carl Friedrich Goerderler, verliest das Todesurteil und verfügt die Hinrichtung!

Um 15:31Uhr trifft es den nächsten: Johannes Popitz, wieder die gleiche Prozedur.

Um 15:33 Uhr tritt das Hinrichtungskommando schließlich vor Pater Alfred Delp!

Ein grausamer Zweiminuten-Takt. Das Stöhnen, Weinen. Alles ist zu hören.

Ich kann mir sehr gut vorstellen, dass Delp ruhig, ohne auf die schrecklichen Umstände zu achten »sein Abendgebet« gesprochen hat und dieses ihm die innere Ruhe und den kommenden Frieden schenkte:

Deine Gaben zum Geleit.
Lass es in der Zeit bestehn,
deines Heils Vollendung sehn
und der Freuden Ewigkeit.
Amen. Halleluja

5. Eine offene Frage

Immer wieder werde ich gefragt: Warum werden Delp und Wehrle und andere Opfer der Nazidiktatur nicht heilig gesprochen? – Meine persönliche Antwort lautet:

Heute – im Gegensatz zu früheren Jahrhunderten – ist die Selig-, bzw. Heiligsprechung ein juristischer Vorgang, ein Prozess. Da gilt eine »Prozessordnung«. Wenn da nicht alles nach der Ordnung abläuft, dann auch kein Ergebnis! – Zum Beispiel: Wer leitet den Prozess ein? Ist der Bischof von München (Wohnort), von Berlin (Ort der Hinrichtung), von Mainz (Heimatdiözese), oder gar Freiburg (Geburtsort Mannheim) zuständig??? – oder wie steht es mit den sogenannten Wundern? Und so weiter und so fort!

Ob amtlich selig oder heilig gesprochen ist mir gleichgültig. – Beim gemeinsamen Abendgebet in meiner Familie lautete immer der Schluss: *Heilige Namenspatrone, guter Pater Delp und guter Kaplan Wehrle: bittet für uns!* – Damit waren und sind alle Prozessrichtlinien aufgehoben!

Ich habe noch eine andere Schwierigkeit: Kann man Delp, Wehrle … selig oder heilig sprechen ohne der vielen anderen Christen zu gedenken, wie zum Beispiel: Bonhoeffer, Moltke …, die doch auch für den Glauben an Christus ihr Leben gelassen haben? – Schön wäre es, wenn eines Tages, wie bei den koreanischen oder afrikanischen Märtyrern oder den Opfern der französischen Revolution alle, die ihr Leben für Christus geopfert haben, heilig gesprochen würden.

Was ist übrigens der Unterschied zwischen selig und heilig? Nach Meinung des Volkes fehlt den Seligen noch die »letzte Sprosse« in die Herrlichkeit Gottes. Also doch so eine Art »Fegfeuer«? Unsinn, aber fragen wir einmal eine fromme Kirchgängerin am Grab von Pater Rupert Mayer?!

Karl Adolf Kreuser SJ (geb. 1927), langjähriger Ökonom der Oberdeutschen Provinz SJ, heute Seelsorger in München.

Hildegard Neudegger: Der »Schutzpatron unserer Familie«

Erinnerungen an Jesuitenpater Alfred Delp

Der 28. Juli 1944 war ein Freitag. Alfred Delp hatte in der kleinen Georgs-Kirche im Münchner Stadtteil Bogenhausen wie immer die Frühmesse gehalten. Unmittelbar nach dem Gottesdienst wurde er verhaftet. Hildegard Neudegger war damals 14 Jahre alt und erinnert sich daran, wie zwei Manner von der Gestapo mit Pater Delp vor der Sakristei standen und ihn anschließend mit einem dunklen Auto, das am Straßenrand vor dem Friedhofstor geparkt war, mitnahmen. Als Hildegard Neudegger, die damals noch den Familiennamen Kreuser trug, mit der traurigen Nachricht nach Hause kam, fing ihr Mutter an zu weinen. Nicht nur, dass mit Alfred Delp ein enger Freund der Familie verschwunden war: Mutter Kreuser fürchtete auch um das Leben ihres eigenen Mannes: *Jetzt werden sie auch den Papa holen*, erinnert sich Hildegard Neudegger an die damaligen Worte ihrer Mutter, die sie als *ausgesprochen lebensstarke Frau* beschreibt, die eigentlich nie geweint hat.

Delp, *Onkel Delp,* wie ihn die Kinder im Hause Kreuser nannten, war oft zu Besuch. Manchmal hat Hildegard Neudegger auch vom Kinderzimmer im ersten Stock bei offenem Fenster gehört, wie sich ihre Eltern mit Delp auf der Terrasse – die durch eine hohe Hecke geschützt war – unterhielten: *Sie sprachen sehr vorsichtig über den Staat und die Nationalsozialisten, verpackten ihre Sätze oft auch humorvoll.* Immer wenn Pater Delp zu Besuch kam, hatte er für die vielen Kinder etwas dabei, Schokolade oder Bonbons.

Manchmal erschien er etwas ernst, aber immer freundlich. *Wir lernten ihn eben in einer schlimmen Zeit kennen*, erzählt Hildegard Neudegger, die mit *Onkel Delp* sogar einmal in Wolferkam im Urlaub war. Doch der gute Kontakt schützte sie nicht vor der gelegentlichen Strenge des Jesuitenpaters. Als Hildegard an Heilig Abend 1942 nach der Bescherung aus Versehen eine gebackene Süßigkeit gegessen hatte und darüber erschrak, weil sie in der Mitternachtsmesse noch zur heiligen Kommunion wollte, suchte sie vor dem Gottesdienst die Sakristei auf und fragte Pater Delp, ob sie nachher trotzdem kommunizieren dürfe. Dieser aber lehnte ab und meinte nur: *Nein.*

Apropos Süßigkeiten: Da weiß Hildegard Neudegger eine schöne Geschichte, die allerdings schrecklich beginnt. In der Nacht vom 3. auf 4. Oktober 1943 fand der erste große Luftangriff auf München statt. Vor allem Bogenhausen, wo auch Hitlers Geliebte Eva Braun eine Wohnung hatte, war Ziel der amerikanischen Flieger. Das Haus Kreuser in der Laplacestraße wurde von einer Brandbombe getroffen und brannte lichterloh. Kaum war Entwarnung gegeben, kam auch Alfred Delp, um beim Löschen zu helfen. Er suchte auch nach einer Familie, die im Haus gegenüber verschüttet war. *Auf seine Veranlassung hin wurde dort gegraben.* Von den vier Nachbarskindern konnte eines nur tot geborgen werden.

Noch während der Löscharbeiten fand Hildegard mit ihrer älteren Schwester Elisabeth Zuflucht bei einer älteren Freundin in der nahen Märzstraße. Sie hieß Gertrud Kronenberger und war ihre Gruppenleiterin beim katholischen Mädchenbund »Heliand«. Mitten in der Nacht traf dort dann auch noch Pater Delp ein. Er hatte nach den Kindern gesucht und wollte sie trösten. Das gelang ihm mit einer Schachtel Kekse, die er dabei hatte.

Wie immer an Silvester, kam Alfred Delp auch am letzten Tag des Jahres 1943 zu Besuch zur Familie Kreuser. Es wurden Weihnachtslieder gesungen und Kerzen angezündet. An diesem Abend war es noch besinnlicher als sonst, wurde noch mehr gebetet. Hildegard Neudegger erinnert sich, wie *Onkel Delp* bewusst und innig die Familie vor der Krippe segnete und wünschte: *Auf dass ihr immer zusammenbleibt.* Schon zu Lebzeiten ist er so zum »Schutzpatron der Familie« geworden.

Nach der Verhaftung Delps zog seine Mutter aus Lampertheim zur Familie Kreuser. Sie war schon zuvor öfters da gewesen und nun froh über die geborgene Atmosphäre. Hildegard Neudegger war von der Frau ganz angetan: *Sie war eine sehr liebe Oma.* Und sie vergisst nicht, wie man der Mutter die Nachricht übermittelte, dass ihr Sohn in Berlin umgebracht wurde. Pfarrer Max Blumschein – er war von Vater Kreuser benachrichtigt worden – kam und sagte es ihr im

Wohnzimmer. *Das war ein schwerer Schlag für sie, denn sie dachte immer, dass ihr Sohn wieder heimkommt.*

Das Gespräch mit Hildegard Neudegger, geb. Kreuser im Frühjahr 2006 führte und stellte zusammen: Andreas Schaller.

Elizabeth Weidenbach: ... er hat immer herzlich gelacht

Ich lebe nun seit beinahe 60 Jahren in den USA. Mein älterer Bruder war in den 1930er Jahren Schüler im Kolleg St. Blasien. Mein Onkel, Dr. Franz Reisert, war am »Kreisauer Kreis« beteiligt. Mein Vater, Dr. Alfons Reisert, war Internist in Augsburg und der Hausarzt der Jesuiten in München. Pater Tattenbach war ein guter Freund und besuchte uns oft in Augsburg. Pater Delp war ein Patient meines Vaters. Er kam öfters nach Augsburg, um ihn zu konsultieren. Meistens hat er dann mit uns zu Mittag gegessen. Ich erinnere mich noch sehr gut an ihn. Ich war damals so 15, 16 Jahre alt. Und es machte ihm Spaß, mich aufzuziehen – und dann hat er immer herzlich gelacht, wenn ich rot wurde.

Ich stamme aus einer Mischehe. Meine Mutter war Jüdin, die konvertierte. Mein Vater war katholisch. Aufgrund der Abstammung meiner Mutter hatten wir in der Nazizeit viel zu leiden.

Vieles, was ich über Pater Delp weiß, hat mir meine Mutter erzählt: Er hat meine Mutter über zwei Wege informiert, auf denen sie aus Deutschland fliehen könnte, wenn sie die Nachricht bekäme, dass sie in ein Konzentrationslager müsste:

1. Es gab einen sehr langsam fahrenden Zug, der einen steilen Berg hinauf fuhr (ich wusste nie, was das für ein Zug war). In einer bestimmten Kurve fuhr er noch langsamer. Das war die Stelle, an der die Person, die entkommen wollte, aus dem Zug springen und sich den Berghang herunter rollen lassen musste. Am Fuß des Berges war die Schweiz.

2. Der andere Fluchtweg war folgendermaßen: Es war ein Bauer (ich weiß auch hier keine Einzelheiten), dem ein Stück Land gehörte, das zu einem Teil in Deutschland, zum anderen Teil in der Schweiz lag. Der Flüchtige ging dann an einem Morgen mit dem Bauern hinaus, um ihm bei der Feldarbeit zu helfen. In einem Augenblick, in dem die Grenzwachen in

eine andere Richtung blickten, sollte der Flüchtige auf die andere Seite schleichen.

Meine Mutter und Pater Delp diskutierten auch den katholischen Brauch, jeden Sonntag in die Kirche zu gehen. Pater Delp vertrat die Meinung, dass dies deshalb eingeführt wurde, damit die Leute an andere Dinge als an die Arbeit denken, an ihre Sorgen und andere weltliche Dinge. Er meinte, wenn man seine Gedanken auf Nicht-Geistliches richten könnte, zum Beispiel auf die Naturverbundenheit, dann wäre das in Ordnung.

Entweder Ende März oder Anfang April 1945 wurde meine Mutter von dem Bibliothekar des Gefängnisses, in dem Pater Delp einsaß, besucht. Sie erzählte, dass er ihr ein Foto von Delp gezeigt habe. Sie habe ihn nicht wieder erkannt. Er sah so schlecht aus. Und sie hatten ihm alle Zähne ausgeschlagen. Dieser Mann war auf Urlaub und wusste nicht, dass Pater Delp zu dieser Zeit schon tot war.

Noch etwas anderes sagte Pater Delp zu meiner Mutter: *Ich weiß, was ich tue. Und es ist mein Leben wert, diesen Mann zu bekämpfen, um das Leben anderer zu verbessern.*

Ich erlebte ihn als eine sozial eingestellte Persönlichkeit. Er war stets gesprächig bei Tisch. Ich spürte, dass er viel wusste, und gescheit war. Und am besten erinnere ich mich an sein herzliches Lachen. Mich häufig zu necken, machte ihm Spaß. Er freute sich einfach, und es war alles Spaß für ihn.

Elizabeth Weidenbach, geb. Reisert, San Francisco, aus Briefen an Dr. Rita Haub von April bis Juni 2006.

Alfred Delp in seiner Münchner Zeit um 1940

Anhang

Zeittafel Alfred Delp und seine Zeit

1907	15. September	Geburt in Mannheim
	17. September	Taufe in der Kath. Oberen Pfarrei in Mannheim
		Familie Delp in Hüttenfeld bei Mannheim
1913		Einschulung in die gemischte Volksschule
1914	*3.–4. August*	*Einmarsch der deutschen Truppen in Belgien – Beginn des Ersten Weltkrieges*
	Ende Dezember	Umzug der Familie nach Lampertheim
1915		In der evangelischen Volksschule
1918	*9. November*	*Kaiser Wilhelm II. dankt ab, Ausrufung der Weimarer Republik – Ende des Ersten Weltkrieges*
1921	20. März	Konfirmation
	19. Juni	Erstkommunion
	28. Juni	Firmung
1922	nach Ostern	Eintritt in das bischöfliche Konvikt und in die Obertertia des Gymnasiums in Dieburg
		Im Jugendbund »Neudeutschland«
1923	*8./9. November*	*Hitlerputsch in München*
1926	16. März	Abitur
	22. April	Eintritt in das Noviziat der Gesellschaft Jesu in Tisis bei Feldkirch/Vorarlberg
1928	27. April	Erste Ordensgelübde
	15. September	Studium der Philosophie am Berchmanskolleg in Pullach

1931	9./10. April	Empfang der Niederen Weihen
	Ende Juni	Abschlussexamen in Philosophie
	Juli	Präfekt am Kolleg Stella Matutina in Feldkirch
1933	*30. Januar*	*Adolf Hitler Reichskanzler – »Machtergreifung«*
1934	März/April	Präfekt am Jesuitenkolleg St. Blasien im Schwarzwald
	30. Juni	*»Röhmputsch«*
	Herbst	Studium der Theologie am Ignatiuskolleg in Valkenburg/Niederlande
1935		»Tragische Existenz« (Auseinandersetzung mit Martin Heidegger)
	November/ Dezember	*»Nürnberger Gesetze« gegen nichtarische BürgerInnen*
1936	Oktober	Fortsetzung des Theologiestudiums an der Theologischen Hochschule St. Georgen/Frankfurt am Main
1937	6./7. März	Subdiakonats- und Diakonatsweihe
	14. März	*Enzyklika »Mit brennender Sorge« gegen den Nationalsozialismus von Papst Pius XI.*
	24. Juni	Priesterweihe in St. Michael in München
	4. Juli	Primiz in St. Andreas in Lampertheim
1938	*12. März*	*Einmarsch deutscher Truppen in Österreich*
	25. Juni	Lizentiat in Theologie
	11. Juli	Beendigung des Theologiestudiums und der Ausbildung
	September	Tertiat auf der Rottmannshöhe am Starnberger See und in Feldkirch
	8.–10. November	*Judenpogrome*

1939	15. Juli	römischer Dr. phil. (aufgrund des Examens von 1931)
	25. Juli	Verweigerung der Immatrikulation an der Universität München
	Juli	Mitarbeit in der Redaktion »Stimmen der Zeit« in München
	1. September	*Angriff auf Polen – Beginn des Zweiten Weltkrieges*
1940	*10. Mai*	*Offensive im Westen: Frankreichfeldzug*
1941	Frühjahr	Mitarbeit in der Hauptarbeitsstelle in Fulda für Männerarbeit und Männerseelsorge
	18. April	Beschlagnahmung des Hauses der »Stimmen der Zeit« durch die Gestapo
		Erste Ferien in Wolferkam am Simssee
	16. Juni	Kirchenrektor an St. Georg in München-Bogenhausen
	22. Juni	*Überfall auf die Sowjetunion*
	1. September	*Juden müssen gelben Stern tragen*
	11. Dezember	*Hitler erklärt den USA den Krieg*
1942	Frühjahr	Mitarbeit im »Kreisauer Kreis«
	März	Erstes Treffen mit Graf Moltke
	Ende März	*Erste Judentransporte aus Osteuropa nach Auschwitz*
	22.–25. Mai	Erste Kreisauer Tagung mit Augustin Rösch SJ
	16–18. Oktober	Teilnahme an der zweiten Kreisauer Tagung
	22. November	*6. Deutsche Armee in Stalingrad eingeschlossen*
1943	*18. Februar*	*Goebbels verkündet den totalen Krieg*
	22. Februar	*Hinrichtung der Geschwister Sophie und Hans Scholl*
	12.–14. Juni	Teilnahme an der dritten Kreisauer Tagung

1944		»Dritte Idee« (Manuskript verloren)
	6. Juni	Besuch bei Claus von Stauffenberg in Bamberg *Invasion der Aliierten an der Atlantikküste*
	20. Juli	Nachmittags in München-Pasing beim Dachdecken und um 18:00 Uhr in München-Bogenhausen *Attentat auf Hitler*
	28. Juli	Verhaftung durch die Gestapo
	6.–7.August	Überführung nach Berlin
	7. August	Im Gestapo-Gefängnis Berlin-Moabit, Lehrter Str. 3, Zelle 253
	um den 14./15. August	Verschärfte Verhöre
	27. September	Verlegung in die Haftanstalt Berlin-Tegel, Zelle 8/313
	1. Oktober	Feiert das erste Mal die Eucharistie in der Gefängniszelle
	21. Oktober	*Aachen wird als erste Großstadt von den Amerikanern besetzt*
	8. Dezember	Letzte Gelübde (im Gefängnis)
1945	9.–10. Januar	Prozess vor dem Volksgerichtshof
	11. Januar	Verurteilung zum Tod wegen Hoch- und Landesverates
	12. Januar	*Beginn der sowjetischen Großoffensive gegen die deutsche Ostfront*
	30. Januar	*Letzte Rundfunkrede Hitlers*
	31. Januar	Überführung in das Hinrichtungsgefängnis Berlin-Plötzensee, Zelle 317
	2. Februar	Um 15:23 Uhr Ermordung durch den Strang
	30. April	*Selbstmord Hitlers*
	8. Mai	*Ende des Zweiten Weltkrieges in Europa*

Literatur/Medien

Roman Bleistein Hg.): Alfred Delp – Gesammelte Schriften I–IV, Frankfurt am Main (2. Auflage) 1985, V 1988. (I: Geistliche Schriften, II: Philosophische Schriften, III: Predigten und Ansprachen, IV: Aus dem Gefängnis, V: Briefe – Texte – Rezensionen)
Die Originalzitate Alfred Delps im vorliegenen Taschenbuch wurden meistens aus den »Gesammelten Schriften« entnommen.

Ders.: Alfred Delp – Geschichte eines Zeugen, Frankfurt am Main 1989.
Ders.: Begegnung mit Alfred Delp, Frankfurt am Main 1994.
Christian Feldmann: Alfred Delp – Leben gegen den Strom, Freiburg i. Br. 2005.
Rita Haub/Friedrich Schreiber: Alfred Delp – Held gegen Hitler, Würzburg 2005.
Günther Saltin: Durchkreuztes Leben. Alfred Delp: Weg – Kampf – Opfer, Mannheim 2003.

Petro Müller: Sozialethik für ein neues Deutschland. Die »Dritte Idee« Alfred Delps ethische Impulse zur Reform der Gesellschaft (= Schriften des Instituts für Christliche Sozialwissenschaften der Westfälischen Wilhelms-Universität Münster Bd. 32), Münster 1994.
Karl Heinz Neufeld: Geschichte und Mensch – Alfred Delps Idee der Geschichte. Ihr Werden und ihre Grundzüge (= Analecta Gregoriana Vol. 234, Series Facultatis Theologiae: sectio A n. 25), Rom 1983.
Michael Pope: Alfred Delp S.J. im Kreisauer Kreis. Die rechts- und sozialphilosophischen Grundlagen in seinen Konzeptionen für eine Neuordnung Deutschlands (= Veröffentlichungen der Kommission für Zeitgeschichte, Reihe B: Forschungen, Bd. 63), Mainz 1994.

Franz B. Schulte (Hg.): Alfred Delp – Allen Dingen gewachsen sein. Jahreslesebuch, Frankfurt am Main 2005.
Ders. (Hg.): Alfred Delp – »Dem Ganzen die Treue halten, nicht aus der Erde flüchten und nicht den Himmel verraten«, Brilon 2007.

Zwei Audio-CDs: Alfred Delp – Im Angesicht des Todes, München 2006.
Buch zur CD: Alfred Delp: Im Angesicht des Todes (Ignatianische Impulse 21), Würzburg 2007.

DVD: Alfred Delp – Jesuit im Widerstand, Eine Koproduktion von steyl medien und DDMedien, München 2006.

Abbildungen

Umschlagbild: Porträt-Büste Alfred Delps von Theodor Georgii, 1963, im Foyer der Alfred-Delp-Halle im Kolleg St. Blasien – die Mehrzweckhalle trägt seit dem 2. Februar 1985 den Namen Alfred Delps. © Kolleg St. Blasien
S. 74: © Richard Harlacher, Gundremmingen
S. 76: © Pfarrei Heilig Blut, München-Bogenhausen/Foto: Petra Neumann
S. 101: © Franz B. Schulte, Brilon
Alle anderen Abbildungen: © SJ-Bild

Von derselben Autorin bei Topos plus

Franz Xaver

Aufbruch in die Welt

127 Seiten. ISBN 3-7867-8423-X

Topos plus Taschenbuch

Band 423

Petrus Canisius

Botschafter Europas

128 Seiten. ISBN 3-7867-8513-9

Topos plus Taschenbuch

Band 513

Rupert Mayer

Der Wahrheit verpflichtet

96 Seiten. ISBN 3-7867-8512-0

Topos plus Taschenbuch

Band 512

Ignatius von Loyola

Gott in allen Dingen finden

128 Seiten. ISBN 3-7867-8567-8

Topos plus Taschenbuch

Band 567

Peter Faber

Globetrotter Gottes

96 Seiten. ISBN 3-7867-8568-6

Topos plus Taschenbuch

Band 568